田中渓
KEI TANAKA

億までの人 億からの人

ゴールドマン・サックス
勤続17年の投資家が明かす
「兆人」のマインド

徳間書店

億までの人 億からの人

Money buys freedom, but purpose buys happiness.
富は自由を与え、志は幸せを創る
――Kei Tanaka

Prologue

「会社が存続の危機に瀕している。明日、明後日で終わるかもしれない」2008年に起きた世界規模の金融危機、いわゆるリーマンショックは、ゴールドマン・サックスに入社してまだ1年しかたっていない僕にとって足元が揺らぐほど信じがたい出来事でした。

金融業界はもちろん、世界中の名だたる企業にも軒並み大きな経済的な打撃を与えた金融危機の影響で、53回もの面接をくぐり抜けてやっとの思いで入社した僕自身も「毎日いつ自分も解雇されるのか？」という不安を抱える日々が続きました。

幸いにしてクビは免れたものの、その後ボーナスはゼロ、大幅な減給に加え、在籍部署の9割の人員が削減されるという壮絶な展開が待っていたのです。

ところが、そんなどん底時代を経験するも、その後17年続いた会社員生活では最終的に投資部門のトップである日本共同統括を務めることになります。

在籍17年間では、20か国以上の社内外300人を超える「億円」資産家、「兆円」資産家、産油国の王族など超富豪などと協業、交流をはたしてきました。

この本は、そんな僕が会社員時代に学んだ富裕層の哲学や思考、習慣など、彼らの生態系について学んだことを、あますところなくお伝えする一冊です。具体的な投資方法や特定の銘柄を推薦するような、いわゆる「投資術の本」ではありません。「富裕層マインドを学ぶ本」という位置づけです。

なぜ、富裕層マインドを学ぶことが大事なことなのか。それは、今どのような環境に置かれている人であっても、富裕層マインドにシフトすることで「億を超える人」になれる可能性があるからです。

人は想像ができないことはできません。想像ができない人にもなれません。だから本書を通じて、富裕層についてみなさんがイメージを持てるように、さまざまな角度から、その実態や生態系についてお伝えしたいと思います。

富裕層や一流の人は、「特別な能力を持っているのだろう」「特別な環境にいる人に違いない」と思われやすい。世の中は環境や能力については不平等なので、たしかにそういう人が存在するのも事実。ですが、実際の多くの富裕層は、「普通のことをやっている普通の人たち」です。

ただし、普通のこと、誰でもできることを「圧倒的」に「やる」。ここは違います。環境や能力が不平等でも、何かにチャレンジすることは、いつでも誰でも平等にできるのです。

「何もしない」という最強のリスクヘッジがあります。何もしなければ失敗も損もしません。傷つくこともありません。でも何も起こりません。それが人生の目的なら、一切余計なことはしなければいい。当たり前のことをいいますが、逆に辿ると、成功したいなら、失敗のリスクを受け入れて挑戦するしかありません。挑戦する、しないは100%自分でコントロールできます。挑戦さえすれば成功の可能性がゼロではなくなります。

しかも挑戦さえすれば経験値は残ります。さらに、挑戦は何度でも繰り返せます。本書が、挑戦する人の可能性を大きく高めるためのヒントになればいいなと思います。

Chapter1では、富裕層とはどんな人なのか、どんな考え方をしているのか、どんな道を辿って富裕層になったのか、といったことについて詳しく書いています。この章を読めば、「普通の人」でも富裕層になれる可能性を実感してもらえると思います。

Chapter2では、富裕層のお金に対する接し方や考え方などを紹介しています。富裕層のお金の哲学を知ることは、自分自身の金融リテラシーを高めるためにも役立つはずです。

Chapter3では、「億を超える人」が、どのようにお金を使って、富を増やしているかを解説しています。同じお金でも使い方次第で「投資」になることもあれば、単なる「消費」で終わってしまうこともある。またモノの本質的価値の考え方について理解することで、「損をしない」考えも身につくでしょう。

Chapter4では、富裕層マインドとしての時間の使い方を説明しています。誰でも平等に持っているけど、有限な「時間」だからこそ、もっとも効率よく稼ぐための時間の使い方をすることをおすすめします。

Chapter5では、「億を超える人」になるための生活習慣について書いています。食習慣や睡眠のとらえ方、運動の仕方、働き方にいたるまで今日から実践できることばかりです。

Chapter6では、お金を生むためのコミュニケーションの仕方や人間関係の構築方法について述べています。稼ぐことに限らず、今、どのようなコミュニティに所属していても、参考にしていただけることがたくさんあると思います。

ちなみに、この本における「億を超える人」とは、おおむね「年収1億円」以上の人、または資産から負債を差し引いた「純資産5億円」以上の人を想定しています。

「年商1億円」「資産5億円」という表現もありますが、原価1億円のものを1億円で売っただけでも年商は1億円になりますし、1億円の借金をしてお金を得れば1億円の資産を保有していることになります。それは富裕層のイメージとは異なります。

ところで、「年収1億円」以上の人はどの程度希少なのでしょうか？

国税庁の「令和元年度分民間給与実態統計調査」によれば、1億円以上の所得が発生している人を累積すると、人数2万3，550人。労働力人口に対する割合は約0・037％であり、「1億円以上稼ぐ人は約2，726人に1人」だそうです。

2023年度に役員報酬1億円以上を開示した上場企業は509社で、人数は1，120人とのことです。先ほどの2万3，550人に対して、4・8％と非常に少ない割合です。給与収入・役員報酬だけで1億円を達成するのは、相当ハードルが高そうです。

では「純資産5億円」以上は？

野村総合研究所によると、預貯金、株式、債券、投資信託、一時払い生命保険や年金保険など、世帯として保有する金融資産の合計額から、借入などの負債を差し引いた「純金融資産保有額」が5億円以上のものを「超富裕層」と定義。その数は9・0万世帯とのこと。これは調査母体の0・17％。約600世帯に1世帯という割合です。

2，725人に1人、600世帯に1世帯という数字は確率としては低いように感じるかもしれません。ですが、本書で詳述するように、ひとつのことで1,000人に1人、1万人に1人の人になる必要はありません。

確たる習慣化の技術を身につけて、確実に実行する。これで複数のスキルを獲得して、その掛け算で1万人に1人、100万人に1人の人になれる可能性があります。そう考えると、2,700や600という倍率も突破できる気がしてきます。

いいニュースとしては、2019年から2021年にかけて、超富裕層の純金融資産保有額は、8・2%増加。また超富裕層の純金融資産保有総額は、世帯数と同様、2013年以降一貫して増加を続けています。これは、株式などの資産価格の上昇により、超富裕層の保有資産額が増大したことに加え、金融資産を運用している準富裕層の一部が富裕層に、そして富裕層の一部が超富裕層に移行したためとされています。正しい方法でアクションした人たちがきちんと結果を出していることの証左です。

ひとつ僕が強調したいのは、お金をたくさん持つことと、幸せになることはまったく別の話だということです。「億を超える人」になることが、立派なわけでも、偉いわけでもありません。十分なお金を稼ぐことの大きな意義は、ヒトが抱える大きな悩みのひとつである「お金の悩み」から解放されること。そして、人生の選択肢を増やし、自分の人生を自分自身で決められるようになること。物質的な充実を超越して、精神的にも豊かになれることだと感じています。

これからの自分の豊かな生き方と向き合うつもりで、この本を読んでいただければ幸いです。

田中 渓

Contents

Chapter 1

年収1億円以上「富裕層の思考」

Contents

Chapter 2
富裕層だけが知っている「お金の哲学」

Chapter 3

お金がお金を生む「お金の使い方」

Contents

Chapter 4

とんでもなく稼ぐ人の「時間の使い方」

Chapter 5
普通の人でも実践できる「億稼ぐ人の生活習慣」

Chapter 6

一生お金に困らない人の「人間関係の築き方」

Contents

Chapter 1

年収1億円以上「富裕層の思考」

Money is a terrible master but an excellent servant.
お金は恐ろしい主人だが、優れた召使いである
——P.T. Barnum

「給与以外の収入はゼロ」はハイリスクだと知る

「一日は誰しも平等に24時間。時間の切り売りだけで稼ぐには限界がある」。

世の中には「稼ぐ人」と「稼げない人」がいます。それぞれ共通点はいくつかありますが、すべての稼ぐ人が当たり前のようにやっていることがあります。それが「お金にお金を稼がせること」。つまり、運用です。稼ぐ人でお金を運用していない人は、これまで僕が見てきた限りひとりもいません。なぜなら、彼らはお金を運用しないことがリスクだと知っているからです。

たとえば、会社員の場合、運用も副業もしていなければ「収入は給与のみ」という状態になると思います。人並み以上に給料やボーナスをもらっている人であっても、もしも「収入は給与のみ」を会社員のスタンダードだと考えるなら、それはリスクを背負っていることにほかなりません。

「収入は給与のみ」のリスクは2つあります。

ひとつは、収入が会社からの給料やボーナスだけの場合、その会社の経営が危うくなって経営破綻したり、自身が心身の健康の事情で働き続けられなくなったりしたら、途端に収入はゼロになるというリスクがあることです。

もうひとつは、インフレ耐性がないことです。今、日本がインフレ方向に向かっていることで実感している方も多いかと思います。インフレとは、物の値段が上がって相対的にお金の価値が下がること。たとえば、毎年2%のインフレの値上がり率だとしても、複利で考えると、10年間そのままにしていたら100円のものが約122円になる。言い方を変えると1，000万円の資産が約820万円まで目減りしてしまうことになります。何もしていなくても自分のお金がどんどん減っていくなんて、リスク以外の何ものでもないと思いませんか？

自分の持っているお金を運用に回さずそのままにしておくということは、今や世界中に株式や為替を含めた運用の選択肢が無数にあるなかで、あえて100%

「日本円」を選んで投資していることと同じです。

だからこそまずは、何もせずにそのままお金を眠らせておくことがどれほどハイリスクかということを意識することです。断言しますが、億を超えるお金を手にしている人たちは全員、お金にお金を稼がせています。

億を目指さないと億は手に入らない

「想像したことは現実になる（If you can dream it,you can do it.）」。これはウォルト・ディズニーが遺した有名な言葉です。これは、逆も然りだと思っています。

つまり、「想像すらできていないことは実現しようがない」ということです。

「1千万円の収入を目指そう」と思ったら、そこがゴールになります。そうなったら、その人が1億円を得ることはまずあり得ません。

人は、「1億円の収入を目指そう」と思ったときになってはじめて、「億」というものがどのくらいのお金なのかを想像するものです。「どうすれば自分も億を得られるようになるだろうか」「億を稼ぐ人は何をしてきたのだろう」などと具体的に考え、行動しはじめると思うのです。億の世界をどれだけリアルに想像することができるか。それこそが、億を手にするための「はじめの一歩」ではないでしょうか。


僕が働いていたようなファンドや投資業界では、会社にもたらした利益に対し、自分がどのくらいの報酬をもらえるか、その金額を算出する特定の算式があります。もちろん金融情勢、景気動向、組織の他の部門との調整などありますが、おおよその目算はできます。

たとえば「年収1億円稼ぎたい」と思うなら、「だったら、このくらいの利益をあげなければならない」という自分の稼いでくるべき金額が計算できてしまうわけです。

その数字を踏まえたうえで、1年後までに達成すべきこと、月ベースでやらなければならないことを考え、毎日の行動に落とし込んでいく、というのが僕たちの働き方です。

もしも、「1億円稼ぎたい」と思ってそれが達成できなかったとしたら、それは、「想像していた世界が1億円より小さかった」といったゴール設定が間違っていたか、ゴールへの道筋の立て方が間違っていたか、努力が不足していたか、のいずれかしかあり得ません。

いずれにしても、目標を大きく持ち、そこへ向かうための想像力を働かせ、たしかに実行するということが重要になることだけは間違いないのです。

「お金が貯まったら投資に回す」では一生富裕層になれない

お金を増やす方法を考えるとき、「投資をはじめよう」と思うところまでは富裕層も僕たちも一緒。そこから先が違うのは、富裕層は「お金が貯まったら投資に回そう」という考え方をしない、ということです。

富裕層はお金が貯まるのを待つのではなく、みずから資金調達をし、最初から実践を通じてお金を増やしています。「お金はマーケットでつくる」というマインドです。刻一刻と状況が変わるマーケット、魅力的な投資機会も訪れるなかお金が貯まるまで投資の機会を待つという考え方は、投資をしないための言い訳、機会損失でしかありません。

だからといって、確たる勝算もなくいきなり大きな借金をすることは英断とは言い難いです。また、仕事を辞めて明日からデイトレーダーとして投資だけで生きていきましょう、というのもリスクが高すぎます。

では、どうするべきか？

今の仕事があるなら、その仕事で安定したフローを確保する。そのなかから投資に回せる額を決めて運用する。そのうえで、借入れできるところは借入れをしてレバレッジをかけて資金をつくっていく。――これは「超王道」ともいえるプロセスですが、結局これがいちばん低いリスクで確実に投資をはじめたり、続けたりできる唯一の方法だという結論に僕自身も辿り着きました。


お金を増やすために覚えておきたい大事な基本事項が2つあります。

ひとつは、投資は、あらかじめ金額の枠を決めてからはじめる。「絶対にコレには手をつけない」と決めたお金には絶対に手をつけない、ということです。

もうひとつは、投資の期間、及び利益と損失の金額をあらかじめ定めてからはじめること。スポーツでも、あらゆる戦略・戦術でも、どこをゴールに見据えるのか、それにどれだけの時間やリソースをかけるのか、ということが決まっていないと、ペース配分も、撤退すべき引き際ラインもわかりません。

そうやってはじめれば、大きな失敗を避けつつ、お金をしっかり増やすことができます。

「複利の力」を侮ることなかれ

「複利は人生最大の発明だ。知っている人は複利で稼ぎ、知らない人は利息を払う」という言葉は、物理学者アインシュタインが遺したものとして有名です。富裕層の人たちが複利の力を心得ているのも常識といっていいでしょう。

ご存じのとおり、利息のつき方には、最初に預けた金額にしか利息がつかない「単利」と、ついた利息を元本に組み入れて利息をつける「複利」があります。

この複利の力を決して侮ってはいけません。複利は毒にも薬にもなる大きな力を持っています。

たとえば、100万円を年利5％で30年間運用すると仮定します。

単利の場合、5万円×30年＝150万円が利息になるので、元本と合わせて約2・5倍の合計250万円になります。

一方、複利の場合は利息が332万円になるので、約4・3倍の合計432万円にもなります。利息部分だけ見ても、複利は単利の倍以上に増えます。複利の力はよく雪だるまに例えられるとおり、時間をかけるほど坂を転がっていくと大きく増幅していくのが複利による投資です。

気をつけなければならないのは、目減りするときも複利の力は働くという点です。

ビジネスシーンにおける複利の力については、楽天グループの創業者の三木谷浩史氏も言っていることです。1日1％成長するよう努力を重ねると、複利の力を働かせれば1年後には1・01の365乗だから約38倍に成長します。ところが反対に、1日1％サボると1年後には0・99の365乗で0・03にまで一気に目減りすることになります。

ちなみに、この「1・01」と「0・99」という数字の話は、毎日ほんの少しずつ頑張る人と、毎日少しずつサボった人の差を如実に広げていくことを表しています。その日1%サボった人が、1%努力した人に追いつくためには、次の日に1%努力しただけでは0・99×1・01＝0・9999なので届きません。2%の努力をしても0・99×1・02＝1・0098なので、まだ追いつけません。3倍の努力でようやく0・99×1・03＝1・0197になる計算です。つまり、たった1%のサボりでも、翌日にリカバーするためには3倍の頑張りが必要になるということ。ちなみに3倍の努力をして追いついた、1日1%の努力をしている人は、2日目には1・01×1・01＝1・0201なので、すでに先を行っています。

複利の力は、やっぱり侮ってはいけないのです。

「不労所得」というフレーズに罪悪感を抱かない

「投資」「借入れ」「借金」といった金融用語にマイナスのイメージを抱いているなら、そのバイアスは直ちに取り去りましょう。富裕層の人たちは、「投資」「借入れ」「借金」はお金を失うことではなく、お金を増やすための便利な基本ツールだととらえています。株式投資ひとつとってみても、株主としてビル・ゲイツやイーロン・マスク、孫正義といった大企業のＣＥＯに働いてもらう、という考え方です。

そもそも日本ではいまだにお金に関することを話題にする行為に対し、漠然と「何かよくないことだ」と思ったり「品がないことだ」と感じたりする人が多く、義務教育の教育課程で金融リテラシーを身につける機会がないことが弊害になっています。

「投資」という言葉ひとつとっても、「資」を「投げる」と書くように、何となく悪いことをしている気にさせるもの。「不労所得」という言葉もそうですが、個人が直接的な労働をしなくても収入を得られることに、後ろ暗い気持ちを抱く人もいます。

ただ、働かなくてもお金が入ってくる長期的な仕組みを構築するのは、億を超える人になるためには欠かせません。繰り返しになりますが、お金は寝かせず、働かせることが大事です。

もしあなたが10年前に100万円を銀行の「定期預金」「テスラ」「エヌビディア」という、それぞれの銘柄に投資していたとしましょう。

それが今日いくらになっているか。

・定期預金100万4千円（1・004倍）
・テスラ約2，670万円（約27倍）
・エヌビディア3億5，270万円（約353倍）

定期預金は2014年時点の定期金利0・04%、金融機関によるので高いものを採用。株価は2014年始値に対する2024年10月25日終値で概算。為替の影響は考慮していません。

これが、株式投資を通じてスーパーCEOに働いてもらった結果です。すべての資産を日本円で保有しておくリスクや機会損失について理解できると思います。ちなみに毛色もリスクもまったく異なりますが、ビットコインだと5億円以上になります。

富裕層の多くは「生まれつきのお金持ち」ではない

投資で1億円、1兆円と稼いだ人の多くは、いわゆる「生まれつきのお金持ち」ではありません。「代々実家が素封家だった」というような人は、それ以上、上を目指さなくても十分安定した経済基盤があるので投資で稼ぎ続けようとは思わないのかもしれません。

ビジネスパーソンからのスタートでも、富裕層レベルまで垂直に上がっていく人は、どこかで挫折を味わったり苦境を乗り越えたりブレークスルーとなるような、何らかの「気づき」の経験があったりするものです。

ちなみに僕も、特別に裕福な家庭で育ったわけではありません。エリート街道をひた走ってきたわけでもありません。

平凡を絵に描いたような僕が経験した最初の挫折は、中学受験でした。希望の学校に入ることができず、滑り止めで受験した男子校に入学したところ、僕だけでなくまわりの子たちも多くが「滑り止め」扱いで、みんな「自分はこんな学校にいるはずじゃなかった」と思っているような環境でした。

中学の入学式ではその多くが「中高通うのではなく、高校受験をしてこんな学校出ていく」、と決意していたと思います。結局、中学一年生の決意が3年も維持できるわけもなく、通い続けることになるのですが……。

中学受験の失敗から僕らが「挫折からの立ち直り方」「どんな環境でも楽しめる余裕」を得られたのも事実。第一志望だったエスカレーター式で大学まで進学できる有名校に合格していたら、今の僕はなかったと思っています。

富裕層へのルートは「金融エリート系」か「ベンチャー経営者系」

ゴールドマン・サックス時代には、年収1億円以上の人たちはもちろん、とある国の王様クラスのような規格外のお金持ちとの出会いも数多くありました。それもあり、「本物のお金持ちって、どんな人?」と富裕層の実態や生態系について質問されることも少なくありません。

「億のお金を動かしている人」と聞いて、文化や芸術、スポーツなどの分野で天才的才能をもって富を築いた人以外に、これまで出会ってきた人たちから僕が思い浮かべる人物像は2パターンです。2パターンとは「金融エリート系」と「ベンチャー経営者系」。これが現代の富裕層を代表するペルソナではないでしょうか。

もちろんあくまでイメージですが、「こういう人もいるんだな」と思って読んでくだされば幸いです。それぞれの生態を考察していきます。

＊「金融エリート系」出身の富裕層の実態

金融エリート系出身の富裕層の例として僕がイメージするのは、ビジネスマンとして駆け出しの頃ではなく、30代後半～40代半ばくらいになって億のお金を手にしている人です。

ルーツとしては、中高生時代からエリートで国内大学では東大、京大、一橋、東工大、慶応クラスの大学に進学。あるいは、高校や大学時代から海外留学を経験し、そのまま欧米の一流大学に進んでいることもあります。

その後、投資銀行や戦略コンサル会社を渡り歩く、というのもよく見るパターンです。ビジネスキャリアのスタートが外資系ではなく日系企業のケースもあり、その場合、途中でMBAホルダーになって外資系企業に転職してくるという道も。

いずれにしても、こんなにピカピカのエリートの人たちでも、億を超えるには高いハードルがあるといいます。これまでの給与形態や定期昇給に頼るだけでは限界があり、どんなに優秀な人でも「5，000万円の壁」があって、億を超えていくのはなかなか難しい、という話を聞いたこともあります。

彼らのお金を稼ぐ過程にホップ、ステップ、ジャンプがあるとしたら、間違いなくジャンプはファンド。つまり、投資の世界に入ってくる人たちがほとんどです。ファンド資金や会社の自己資金で投資をし、利益をもたらすことができた場合は成功報酬として還元されるので、そこで億のケタに届く収入を得られることになる、というのが億を超える人になるための筋書きです。こうして、完全成果報酬型のファンドへのジョブチェンジすることが大きなきっかけとなり、富裕層の仲間入りを果たします。

意外だと感じるかもしれませんが、金融エリート系の人たちの仕事のやり方はハイリターンの割にハイリスクではありません。転職の際に生じるリスクを除けば、全般的にはミドルリスクといっていいかもしれません。

というのも、「投資をしている」といっても、会社員である限り原資となるのは会社が集めた投資家のお金や、会社の自己資金です。自分自身が株主から出資を募って大金を預かったり、銀行から大きな借金をしたりするわけではありません。

極端な話ですが、もし会社のお金で投資に失敗して億円単位のお金を溶かしてしまったとします。それで会社をクビにはなるかもしれませんが、法に触れる行為や背任行為、重過失などがない限り「溶かした10億円を今すぐ返せ」などと個人が責任をとらされることはあまりないと思われます。

むしろ、金融エリート系出身で富裕層まで上がれる人にとって大切なのは、果敢にリスクをとって一か八かの勝負に出るよりも、いかに仕事で大きな失敗をしないことともいえます。そして、前述したとおり、彼らは今の仕事で蓄財したものを、無難にでもきちんと運用して大きくしているという「超王道」で成功しているのです。

プライベートでは、「ゴルフが好き」「海外旅行によく行く」「ワインに詳しい」というタイプが多い印象です。ただ、「とはいえ、この人たちがいちばん好きなことは仕事なのだろうな」と感じるのは、ゴルフや旅行も仕事関係の人たちと行ったり、いいレストランでワインを飲んでいても話題は仕事のことが中心だったりと、趣味と仕事の線引きが曖昧になっていることが少なくありません。

仕事が好きだから「超王道」をコツコツと積み上げていくことができ、その結果成功して大きな富を得た、という人が多いのも金融エリート系の特徴です。

＊「ベンチャー経営者系」出身の富裕層の実態

ベンチャー経営者系出身の富裕層は、金融エリート系に比べて若く、20代後半~40歳くらいでいわゆる成功をしている人たちが多い印象です。ただし、成功するまでは大きな収入を得るチャンスには恵まれていないことがほとんどでしょう。

ルーツは、金融エリート系と同様に高学歴な人もいれば、実家が自営業で幼い頃から経営者の働き方を見ていた人や、自分を変えるような大きなライフイベントがあって強い衝動や使命感により、世の中にうって出ようと決意した人もいます。

起業のきっかけは、学生起業や「社内コンテストで優勝して100万円の賞金をもらったので、そのアイデアをもとに会社をはじめます」というような社内ベンチャーからのスピンアウトもあり。外資系企業で激務を経験し、「コンサルで幅広く得た企業経営の知見を活かして」「金融リテラシーやマネジメントの実務経験をレバレッジに」といった理由で起業する人もいます。

富をつかむきっかけは、起業後に上場したり、企業に買収されたりして大きく当てること。

これは金融エリート系とは異なり、大きなリスクをとりハイリターンをつかみ取ることが求められます。大きな失敗があっても、何度でも立ち上がり、成功するまでチャレンジできるかどうか、その精神力と実行力が求められます。

さらに、会社を興した創業者に多い「ファウンダーあるある」としては、筋のいいスタートアップへの投資話が舞い込むケースが増えることです。なので、そこでまたお金を増やすチャンスを得るのです。

金融エリート系よりベンチャー経営者系の人にそういった投資話が舞い込みや

すい理由については詳しく後述することにしますが、端的にお伝えすると、自身の経営するベンチャーで成功した人がスタートアップに資本参加してくれると、企業側は経営指南の可能性にも期待できるだけでなく、「あの成功者が出資している企業」としてのお墨付きを得られて、その後の資金調達もしやすいというメリットがあります。

そうやって、VIPのみが参加できる超優良ポートフォリオのチケットを手に入れたベンチャー経営者系出身の人たちは、満を持して富裕層の世界へ昇っていくことになります。

ベンチャー経営者系出身で富裕層の仲間入りをした人のなかには、先ほど説明したIPOやM&Aといった大イベントで富を築いた結果、20~40代で億を手にして早々にリタイヤする人もいます。

ただ、早いうちから「上がり」になっても、そのままリタイヤ、というケースは稀だと思います。

そもそも同世代の友人なら彼らにも自分の仕事があるので、余暇を一緒に付き合ってもらうことが叶いません。

たとえ飲みに行っても「おごるから」と10万円以上するワインをあけられても、相手はドン引きするだけでしょう。一線を退いているので、社会や経済、自分が働いていた業界のニュースすらも段々わからなくなり、友人たちとも距離ができはじめるようになってしまいます。

充電と称して長期の旅に出ることもあります。ところが、もともといろいろなことに興味があるタイプだからこそ成功にいたるベンチャー経営者系の人たちは、リタイヤ後1~2年を旅に出て充電できた頃にはもう、自分が仕事をしない状態に飽きてしまっています。そこで、SNSなどで「もう一度、起業します」などと宣言し、シリアルアントレプレナーとしてふたたびマーケットに戻ってくるケースもあるようです。


プライベートでは、ベンチャー経営者系の富裕層はおおらかでお金の使い方も気前がいいというイメージです。僕の経験でも、「あそこに別荘があるけれど、よかったらいつでもどうぞ」「サウナ付き会員制のバーに専用のワインセラーもあるので好きに飲んで」という驚くべき気前のいい人たちとの出会いが何度もありました。

こんなふうに、富裕層の世界に行く人たちをあえて分類してみると、金融エリート系とベンチャー経営者系の2パターンがあると感じています。

よく、スキルや知識を表現するのにブックスマートとストリートスマートという言葉が使われます。ブックスマートとは教科書や本を読んで学ぶ、知識があって頭のいい人のことで、ストリートスマートとは実際の経験や現場をもとに学ぶ、賢い人のことを指します。

僕は金融エリート系とベンチャー経営者系はこの表現に似ているなと思うことがあります。派手なリスクはとらず、やるべきことをやって上がっていく金融エリート系はブックスマート的な富裕層への上がり方。大きなリスクをとりながらストリートでファイトして、1億に届いた後も1，000億に膨らませていくようなベンチャー経営者系はストリートスマート的な富裕層。

どちらも同じ「億円」を超える目標。でも、行き方も生き方もまったく異なります。自身の性格ややりたいこと、やれることを見極めて、道を選ぶといいでしょう。

富裕層は「運」を自分からとりにいく

「大金持ちになるには、やっぱり運がよくないとダメなんですか?」とときどき聞かれます。富裕層と運についての僕なりの考察はこうです。

まず、運やアイデアというのはいきなり降ってくるものではありません。目指しているものがクリアになっている人が文字どおり寝ても覚めても、そのことを考え抜いて、死ぬほど努力して試行錯誤した後、最後の最後に舞い降りてくるものだと思っています。これがひとつ目の条件です。たまたま最後の「舞い降りた」瞬間だけが切り取られて、「運がよかった」と解釈されているに過ぎないものだと思います。

そのうえで、やっと舞い降りてきた運をちゃんと見極めることができる、というのが2つ目の条件です。機会損失をしていない、ということです。

これはどこのポジションにいる人も同じで、誰よりも努力をしてしっかりアンテナを張っている人だけにその権利があります。金融やコンサル業界の人ならマーケットを日常的によく見ていて、あらかじめ「このパターンが来たら、それは多分当たりだよね」ということを山ほど経験しています。日頃からシミュレーションしているからこそ、機会を逃さずつかみ取ることができるのです。

最後の条件は、運が巡ってきて、それが当たりのパターンだと気づけたときに、的確かつ迅速なアクションをとれることです。

ビジネスシーンで考えるなら、転職の機会を逃さず行動を起こすとか。日系企業にいるなら、MBA取得の募集枠のチャンスがあったら手を挙げるとか。知人が起業して誘われた際、飛び込んでみるとか。そういった目の前の大きな変化にもタイミングよくアクションを起こせることが、運のとらえ方であり富をつかむきっかけになっていくものだと思います。

チャンスが訪れるのは決して偶然ではなく、誰にでも平等に起こることです。挑戦をする機会というのは、もっと誰にでも平等です。自分の目標や目指すべきことを明確に持ち、そこに向かって歩いているときに「時が満ちた」「機が熟した」と感じたタイミングでとりにいかれるかどうか。準備ができていて、行動に移せることが運をものにするために必要なのではないでしょうか。

その意味では、冒頭の質問にあったような「大金持ち＝運がいい」というのは、「大金持ち＝運をつかむ条件が揃っている」という解釈はできると思います。

とくに、前述したベンチャー経営者系の出身で富裕層になった人たちの運をつかんで富を得ていく過程の話は学ぶべきところが多いと感じています。

上記の流れになぞらえると、ベンチャー経営者系の出身の人たちの多くは、自身が人生を懸け、リスクを背負ってはじめたビジネスなので、いつでもそのことについて死ぬほど考えています（条件1）。

また、富裕層になるまでは人並み以上に苦労を積み重ねる時代があったり、失敗を繰り返していたりする「下積み時代」が背景にあったりしますが、それでも彼らは、とりあえず行動します。それがたとえうまくいかなくても、何度も方向転換しながらあれこれ挑戦することをやめません（条件3）。

さらに、自分たちの経営理念や目指しているゴール、行き詰まっている現状を正直に発信することも怠りません。「自分はこうなりたいんです」「こんな失敗をしました」といった自分の目標に向かっている過程で起こるリアルな状態を発信していると、やがて助けてくれる人が現れたり、思わぬピボットの機会が訪れます。それらの機会を見落とさず、勇気をもってつかみ取り新たなビジネスチャンスを得るのです（条件2）。

「ご縁」「視座が高い」「高みに行く」というワードを好んで使うことが多いのがベンチャー経営者系の人たちの特徴ですが、そうやって運や人との出会いのチャンスをつかんで、成功していくのは得意のようです。

金融エリート系の人たちが大きな失敗をすることを恐れる一方で、ベンチャー経営者系の人たちはすでに大きい失敗も小さい失敗も数え切れないほど経験しています。だから、失敗すること自体は何の問題にもしません。失敗から成功に向けて行動をはじめたプロセスのなかで人の縁をつかみ、お金の縁につなげていく。
つまり、自分の力で運を切り拓いていっているのです。

「色のあるお金」が雪だるま式にお金を生む

僕がいた金融の世界では「お金に色はない」ということがとても重要でした。「お金に色はない」というのは、誰の1億円であろうと1億円の価値は1億円だから変わりはない、という意味で使われる表現です。物やサービスの世界では「一物一価」といわれる法則もあります。

一方で、ベンチャー経営者系の人たちのお金には色があるといわれています。
もちろんプラスの意味の言葉ですが、そこには「お金の出どころが大事」という意味が含まれます。

たとえば、投資の神様ウォーレン・バフェットが出資した100億円と、社会的に微妙な輩のような人が出資した100億円では意味合いが大きく変わってくる、ということです。ベンチャーの世界では「ウォーレン・バフェットが目利きをしたうえで出資してくれた企業なら大丈夫だろう」というように、お金についている色が信用に変わり、さらにお金が集まって雪だるま式に増えていくことになるのです。

ベンチャー経営で成功した人には、彼らのコミュニティがあり、そのコミュニティのなかで「儲け話」の情報交換もしています。そういう情報は彼らのコミュニティのなかだけで交換されているので、一般の人たちまでは届かないことがほとんどです。

金融エリート系富裕層のお金は無色なので、その情報は流れていかず、ベンチャー経営者系のコミュニティのなかにいる人たちだけが、お金を10倍、100倍に膨らませていくことになります。そしてまたコミュニティ内で回ってくる次の出資の話のチャンスを待つ……という富の無限ループが生まれます。

じつは、ビル・ゲイツのような大富豪を含め、アメリカや中国の大企業の経営者も似たようなお金の増やし方をしています。お金がお金を呼び、人脈が人脈を呼ぶ。経営者同士が色のついたお金でつながっていくので、お金がケタ違いに膨らんでいく、というカラクリになっているのです。

富裕層になる第一歩は「意思決定」を他人に委ねないこと

富裕層を含めたすべての投資家には、いくつかの絶対的な共通点があります。その大事なひとつに「自分自身で意思決定をする」ということがあります。富裕層は、意思決定を他人に委ねることはまずありません。

「自分で決める」と聞くと、誰もが日常的にしている当たり前で簡単なことだと思いがちです。

ですが、実際はそうでもありません。会社員の場合、ほとんどの人が上司や先輩など誰かに指示されたことにしたがって行動しているのではないでしょうか。

もちろん会社員ではなくても、自分で考えて、決めて、行動するのはとても大変なことです。たとえば、自分で決めることには責任がともないます。誤った判断を下せばダメージを負うことが避けられない場合、そのプレッシャーはより大きくなります。経験が浅い場合、自分の情報収集力や判断力に自信が持てないことも数多くあるはずです。

その点、命令してくれる人がいて、本人は自分で考えることを放棄できるのは、とても楽な状態。脳の構造上も判断をするという行為はストレスになりますので、「ゼロから『好きにしていい』とまかされることのほうがよほどプレッシャーになる」という人もいるくらいです。

ところが、投資家は、みずから意思決定することに関しては絶対に他人に委ねません。社会人1年目であっても、ベテランであっても、つねに「そこは自分が決めますから」というスタンスです。

ただし意思決定には適切な情報収集も必要です。ビギナーの投資家であれば、自分なりに仮説をもって分析をしたのち、お金のプロに「よさそうなオプションを5つ出してほしい」と指示して、提案されたオプションの意見を聞いたうえでどれかを選ぶ、という流れです。十分な材料集めまでは指示を出したり意見を聞くことはしますが、その材料をどう料理して食べるかはすべて自分で決める、というイメージでしょうか。決してプロの推薦するものだから、と自己責任を放棄して決めることはありません。

とにかく決めることをしないと、何も動かず、変化も生まれません。お金を動かさず、変化のない状態は、富裕層にとっては「現状維持」ではなく「リスク」でしかないのです。

先ほど、自分で決めることには責任がともなうと書きましたが、投資家を経て富裕層になるためのファーストステップはどんなことでも自分で意思決定をしていく、というところからだと僕は考えています。

「会社員だから自分で決める仕事や権限がない」と諦めるのではなく、「出勤前の30分は自分のための勉強の時間投資と決める」「締め切りのある仕事では、自主的に『締め切りの8割の時間で必ず提出する』と決める」「大事な決め事の会議に参加させてもらうよう働きかけ、そこで必ず発言する」というように、小さなことの意思決定はできるはず。

自分の言動に責任をとる習慣を持つことから、投資家として成功するマインドはつくられます。

最優先すべきは「確実性」より「スピード感」

富裕層が「意思決定」と同じくらい大切にしているものが「スピード感」です。

富裕層が考える意思決定の優先順位

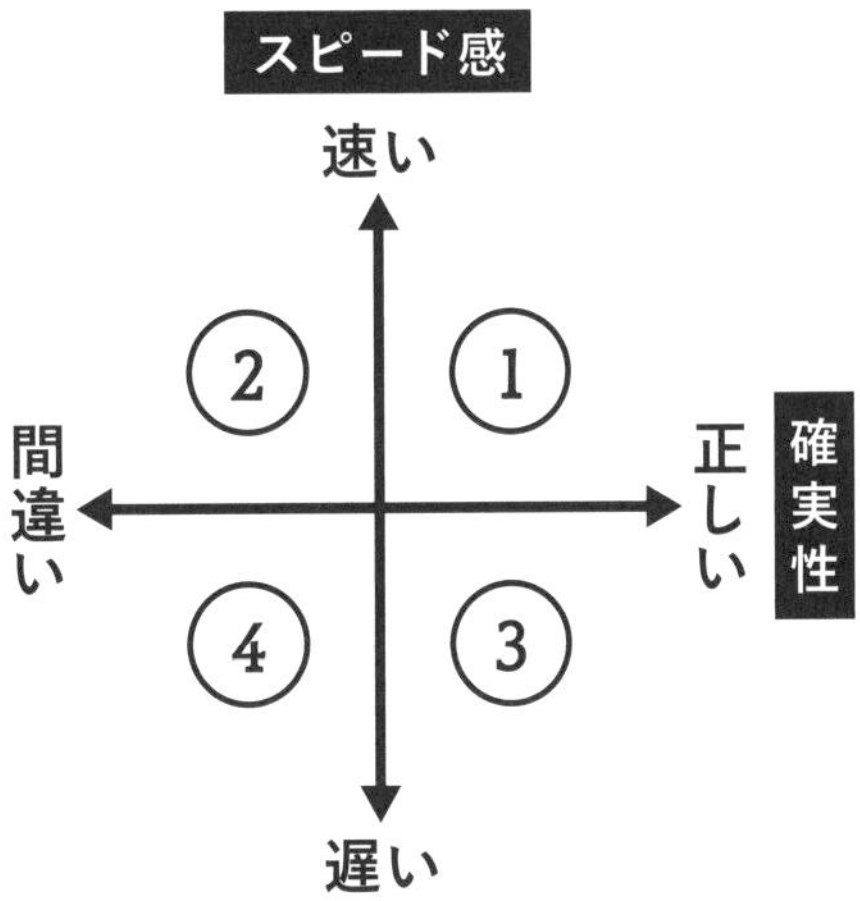

つまり、意思決定×スピード感の結果でもある「とにかく速く決めること」は最強の武器だということです。これは投資においても、日々の仕事についても同じです。

では、「とにかく速く決めること」が最強だとして、そこに「確実性」という軸が加わったとします。確実性を「正しいか or 間違っているか」だとすると、選択肢は次の4つになります。

1．速くて正しい
2．速くて間違っている
3．遅くて正しい
4．遅くて間違っている

もちろん、ベストな解は「1．速くて正

しい」ですし、ワーストの「4．遅くて間違っている」は論外です。問題になるのは、二番手に来るのが「2．速くて間違っている」なのか「3．遅くて正しい」なのかということです。

富裕層が二番手として選択するのは「2．速くて間違っている」。たとえ判断が間違っていても速く決めることのほうが大事。確実性よりスピード感を重視します。「3．遅くて正しい」のは、間違ったことはしていないだけで凡人庸です。正解でもデッドラインを超えてしまっていたら0点ということすらあり得ます。億を手にしたいなら、とにかく速さを求めます。そして、圧倒的な量をこなします。

意思決定は速いけれど判断を間違ってしまう人は、失敗の積み重ねで判断の精度を上げていけばいいんです。間違えたら軌道修正をすれば、その分学習し、経験値を積んだだけ成長も見込めます。

スピード、量、質の3つの要素の優先順位付け、と言い換えることもできます。多くの人は「頑張っていいものを見せたい」と質を優先してしまいがちですが、とくに経験が浅い頃は、いきなり高い質のものを求めても限界があります。時間効率も悪いので、とにかく圧倒的なスピードで、死ぬほど量を重ねる。質は、結果としてついてくるものだと思っておけばいいと思います。

ゴールドマン・サックス時代後期、僕は主に不動産投資を扱っていましたが、やはりここでもスピード感が億を生む鍵になっていました。そこに確実性がプラスされると「最強」が「無敵」に進化します。ゴールドマン・サックスでは、このような交渉の仕方をよくしていました。

たとえば、A社に「ウチのあそこの土地を3週間以内に100億で売りたい」という急な事情が生じたとします。その土地は半年という時間をかければまず100億で売れる土地。ですが、どうしても3週間以内に売らなければなりません。

さて、どうするか？

まずは手堅い大手のB社に持ち掛けます。すると、「わかりました。しかし急すぎる案件なので、ここでは決められません。3週間も間に合うかどうかわからないので、一旦、持ち帰って検討させてください。数日お時間をいただきますが、結果はこちらからご連絡します」と言われてしまいます。

そこでA社は「ご検討よろしくお願いします」と頭を下げながら、ゴールドマン・サックスにも来ます。そこで僕たちはどうするかというと、「90億なら3週間で確実に買います」と伝えます。当然、A社は迷うことになります。もしかしたら、B社が言い値の100億で買ってくれるかもしれないわけですから。そこでA社は「社長の確認をとって、3日以内にご連絡します」と僕たちに返事をしたとします。

それに対し、僕たちは「3日後になったら私たちの買値は85億になってしまいますよ。その代わり、今ここで決めてくださるのなら90億で必ず買います」と返します。すると、A社は「う～ん……確実に買ってくれるんですよね」とふたたび迷います。「本当は100億で売りたいけれど、B社はその場での意思決定がなかったうえに、断られるかもしれない。それなら90億であっても確実に売れるゴールドマン・サックスで手を打ったほうがいいのでは？」と考えるからです。

結果、「……わかりました。では90億でお願いします」と折れてくるもの。A社のような状況においては多くの場合、価格を犠牲にしても、スピードに欠け確実性の低いB社より、スピード感のある僕たちのほうを選んでもらいやすいのです。

市場価値よりも安い、90億円で土地を購入した僕らは、じっくり時間をかけて100億円で売却したり、さらに付加価値をつけて120億円で売却したりして利益を得るわけです。

もちろん、そこからは僕たちも大変です。何しろ、A社に「確実に買う」と約束した以上、本当にすぐにお金を動かすために東奔西走しなければならないからです。とはいえ、スピード感のある意思決定をして、「確実にやる」と明言して実行すると、責任やプレッシャーははかりしれないほど背負うことになるものの、大きなリターンを得ることができるのも事実。億を手にするなら、「意思決定」「スピード感」「確実性」の3つのキーワードは今のうちから意識しておくべきでしょう。

成果物よりプロセスを重んじる方向に思考をシフトする

今、世の中ではプロセスエコノミーという概念に注目が集まりはじめています。これまでの完成した「モノを売る」アウトプットエコノミースタイルとは異なり、プロセスや感情的なつながりに価値を見出す消費者が増え、それが購買行動やマーケティングに影響を与えるという新たな経済の形。それが、プロセスエコノミーです。富裕層もそうした経済の潮流にはとても敏感です。

プロセスエコノミーを理解するには、「ガイアの夜明け」「プロフェッショナル仕事の流儀」「情熱大陸」といった人気番組をイメージするとわかりやすいでしょう。

これらの番組では、その道の成功者が登場人物です。視聴者は、その人の立派な肩書やあげている収益の大きさに「すごい」と感じますが、それ以上にその人の内面に興味を持っています。番組が密着して挫折や失敗談を通じてチャレンジしていく様子を紹介することで、その人の生き方や人間らしさが伝わってくる。そこに視聴者は心を動かされるわけです。

テレビを観ない若い世代であっても、今は企業やクリエイターの活動やプロジェクトの内容を、SNSを通じてリアルタイムで知ることができる時代。プロダクトの開発過程やビジネスの成長をオープンに見せていくことで、信頼度が増したり、社会的使命に共感されたり、その活動を応援してもらえたりします。ファンエコノミーという言葉もプロセスエコノミーの一貫で、BTSをはじめとした韓国エンターテイメントは、この手法が非常に得意ですね。ビジネスの世界でも「サロン」「クラウドファンディング」といったモデルを通じて、成功者のサークルに入れたり、直接・間接の支援ができたりするようになり、トレンドになりました。

つまり、感情的なつながりがプロセスに対する関心を高め、完成するまでのストーリーに価値が生まれるようになるのです。

最近の投資マーケットでは、ブロックチェーンなどの技術を基盤とした「Web3」といわれる世界で、「トークン」といった新しいデジタルエコシステムが利用されるようになってきています。

従来の伝統的な株式に代わって、お金以外の代替貨幣としてトークンを発行して資金を調達します。トークンを保有する投資家は企業やスキルをもった個人やチームを応援し、プロセスのサポートに応じて配当や利益分配の権利を持つ、という仕組みです。

その他にも、組織のあり方やコミュニティへの属し方も、向こう10年の間に大きく変わると感じています。「DAO」「メタバース」「NFT」といったキーワードも日本ではまだまだですが、今後とてつもない規模に成長していくのではないかと考えています。

昭和からの時代の流れにあったような「結果がすべて」という価値観で完成品を世に出して一発勝負、ではなく「プロセスだって軽んじてはいけない」という流れにのり、その過程でも収益を得てしまう、何ならプロセスのなかで、エコノミーの内側のサポートや意見を受けて、よりよいものに改良を重ねていく、という流れがあることは知っておくべきでしょう。

富裕層が新たな投資をするために注目しているのもプロセスエコノミーですし、AI論争が活発ななか、これからは僕たち個人の思考や生き方もプロセスが大事になっていく予感はしています。

目標をそのときそのときでピボットしつつもゴールに辿り着く人たちは、すべてのプロセスにちゃんと意味を見出している。プロセスのなかでいろいろな経験をし、失敗から学んでいくからこそゴールまで辿り着くことができる。途中で軌道修正をしながらも、目標を立てて、そこに「今、向かっている感」を意識して行動すること。それが、これからの富裕層が持つことになるプロセス思考なのだろうと思っています。

Chapter 2

富裕層だけが知っている「お金の哲学」

I will tell you the secret to getting rich on Wall Street.
You try to be greedy when others are fearful.
And you try to be fearful when others are greedy.
ウォール街で金持ちになる秘訣を教えよう。
他人が恐れているときに貪欲になり、
他人が貪欲になっているときに恐れるのだ
——Warren Buffett

原資ゼロから億を目指すときに必要な3つのもの

「お金に余裕はないけれど、投資で成功して富裕層になりたい」と考えている人が、覚えておきたいお金を増やすための順序があります。

まずはある程度の原資となる自己資金、つまり「お金」。次に、投資の「経験値」。そして、良質な情報源となる「人脈」という3要素が、「お金→経験値→人脈」の順番に必要になる、ということです。

もしここで、「原資も投資経験もコネもないから、富裕層になるチャンスはないのか……」と考えるなら、それは、「海外の人と会話したいけれど、語学学習なしで突然話せるようになる学習法」や「痩せたいけれど、ダイエットは苦手なので飲めば体重がみるみる落ちるサプリ」を探しているのと同じことです。いつか突然、投資用のお金が転がり込んでくることはあり得ません。そして、そのような夢を見たい人が溢れているからこそ、「投資」「語学学習」「ダイエット」の3つの領域が、いつの時代も、怪しいセミナーや、誇大広告のトップスリーを占めているのです。

だったら、どうするか？

1，000円でも1万円でもいいので、とにかく投資をはじめてみることです。1，000円で投資をスタートして、仮にそれが成功して倍額になったとしても、たったの1，000円の利益ではうれしくないかもしれません。ですが、それは「原資を使って投資する」という意味では、1億を2億に増やすスキルが身につくのと同じことなのです。やや専門的ですが、原資が小さいほどお金の流動性が高いという意味で、少額投資のほうが増やしやすいのです。

少額で投資をはじめれば、失敗した際のリスクも限定的なうえに、繰り返すことで経験値を増やすことができます。また投資をはじめる前後での大きな違いがカラーバス効果による便益です。

カラーバス効果とは、直感や経験による先入観によって、それがたとえ合理的ではなかったとしても誤った判断をしてしまう「認知バイアス」という心理現象の一種です。具体的には、ある特定のことを意識しはじめると、日常生活のなかでその特定の情報が自然と目に飛び込んでくるようになること。それがカラーバス効果です。

新しい趣味をはじめたら、今までまったく目に入らなかったのに、街にはその趣味に関する広告や商品がたくさんあることに気がつき、まるで世の中のトレンドであるかのように錯覚してしまった。もっとカジュアルな話では、占いでラッキーカラーを見た途端、一日中その色のものが目に入ってくる、といったものです。

たとえば、自動車関連の株に投資をしたとします。すると、カラーバス効果により、ものの見方が変わってくるのを実感できるはず。今まで新聞を読んでいても目に入らなかった記事に目がとまり、道路を走っている車を見ても「この車は、ガソリン車かなＥＶ車かな」「最近、韓国の車も増えてきたな」というように、車関連の情報が気になりはじめます。

そうなると、株価が暴落したときも「ああ、トヨタ株の時価総額は何千億も落ちたのか」などと市場の動向も見えてくるようになります。投資をしている人からすると大打撃ですが、投資をはじめてもいない人にとっては何も起こっていないのと同じ状態でしかありません。

たとえ1，000円でも、投資をしている人としていない人とでは、ものの見方が変わり、投資の相場観を養う力に差が出るのです。

このようにして経験値を積んでいきます。経験値というのは定量化しづらいので、軽んじられがちです。ですが、少額でも投資をしたことがある人と、そうでない人の経験値の差は歴然としています。これはサラリーマンが、昇給の幅や残業代の有無に不平不満を漏らす状況にも当てはまります。昇給も残業代もなくても、それが自分の知識や経験、成長になる仕事であれば、残業してでもやる価値があります。そうやって、やったことのない仕事に積極的に手を挙げたり、仕事を選んでいったりするマインドが重要です。

経験値を積みはじめたら、投資をはじめたことや投資で経験したことをまわりの人に話してみたり、SNSで発信したりするのも重要です。

なぜなら、同じように投資に興味のある人たちが、おのずと集まってくるからです。同じ趣味を介して仲間が増えていくように、投資をしている人同士のコミュニティが自然発生します。すると、「この前買った株は先日の新技術の発表が市場にうけて大幅に株価があがったよ」「この前、こんな失敗をしたけれどすぐ損切りして他に切り替えて大事にいたらなかったよ」「最近海外でトレンドになっている新しいサービスを日本に展開する会社が立ち上がったらしい」などと投資にまつわる情報交換をする場ができるもの。やがて、投資のヒントを得られるような精度の高い情報をもたらしてくれる人とつながることができれば、それがいわゆる人脈です。

冒頭で、「お金→経験値→人脈」の順番に必要になると書きましたが、この3要素をサイクルとして「お金→経験値→人脈→お金→経験値→人脈……」と循環させていかれればうまくいっている証拠。小さな一歩からのスタートだとしても、富裕層に続いているサイクルの波に乗れればお金は増幅していくでしょう。

逆に、これを反対の順番でおこなってしまうのが一番危ないパターンです。自己資金も経験値もないのに、おいしい話を紹介してくれそうな宣伝文句にかかり、いきなり投資セミナーなどで人脈づくりをしようとして、詐欺話のようなものにかかってしまう。経験値がないので、それが詐欺かどうかも見抜くことができず、また自己資金もないので、借金をしたり、手を付けてはいけないお金を投じたりしてしまいます。基本中の基本ですが、上記のサイクルの順番でおこないましょう。

資産を増やす方法に「ウルトラC」はない

「お金のプロだけが知っている資産を増やす秘策って、あるんですか?」というのも、ときどきされる質問です。

結論からお伝えすると、資産を増やす方法に「ウルトラC」はありません。前述したとおり、原資となる自己資金と投資の経験値、それと人脈という3要素を回す基本を繰り返すのみだといっていいでしょう。

そのうえで、投資初心者からまず何からはじめればいいのかと聞かれたら、やはり株式投資になるのではないでしょうか。

「面倒くさいことは苦手。放っておいてもそこそこ利益が出るチャンスがあるならそちらがいい」という人からは、アメリカの株価指数S&P500に連動したインデックスファンドや、全世界の株式市場に分散投資できるインデックスファンド、オルカン（オール・カントリー）への人気が高い傾向があります。今どき、どの投資本や動画でも必ず紹介している金融商品です。ただ、これらのものは手間もリスクも少ない分だけ、短期・中期でハイリターンを見込める割合もそう高くはないでしょう。あくまでも長期投資として持ち続けることを前提とした金融商品です。

銀行の金融商品も今の時代は魅力的ではありません。資産運用という目的では、今の銀行は頼りにならないことは誰もが知っていること。「普通預金と比べたら定期預金のほうがまだマシ」と考えるかもしれませんが、1年物の定期預金で高い利率を得ようと思うと、「最低100万円から」という銀行が多く、高いところで0・5%程度の金利です。100万円を1年間預けても5,000円しか増やせません。

金融システム改革法以降、銀行には投資信託をはじめ、さまざまな金融商品もありますが、そもそも長期で5%の運用利益を継続して出せるファンド、というだけでも極めて優秀なファンドといわれるなか、ただ商品を購入したり、運用をまかせたりするだけで、数パーセントという手数料をとられてしまうので、選択肢には入らない、というのが本音です。

銀行の4大業務である、「預金、融資、為替、金融商品販売」のうち、前者2つ（広い意味では3つ）は金融市場を支えるうえで大切な役割を担いますが、最後の業務は手数料ビジネスです。証券会社がいくらでも安い手数料でサービス提供しています。

だから同じ金融商品を買う場合でも、富裕層は証券会社と取引をしますし、外国為替にしてもやっている人は、日本の銀行口座ではなくはじめからアメリカの証券口座に日本円を送金し、アメリカでドル転換して、余計な手数料がかからないように工夫しています。

ちなみに、資産運用の目的ではなく、「火事や泥棒から守るためにはタンス預金では不安」というスタンスで、銀行にお金を託すということであれば、それは銀行の預金機能による安全の確保ということになりますが、預金も銀行破綻などあるので、絶対安全ではないのでご注意を。

ほかには、「お金を借りる」という目的で銀行を活用するパターンもあります。これは融資機能の活用ですね。たとえば、不動産投資を重ね、銀行からお金を借りる機会が増えていくと、自分の担当者がつく場合も少なくありません。そうやって銀行とお付き合いをしていくうちに、あるとき突然、優遇金利を提案されたり、まだ市場に出回っていない銀行だけが持っている情報を紹介され、優良な投資案件に発展したりすることもあるのでチャンスの波に乗りやすくなります。

投資対象を検討するにあたって、税制の違いについて理解しておくことも大切です。

多くの人はお金を増やすことに目が行きがちです。ですが、お金を増やすのにまず大切なのは、出ていく無駄なお金を減らすことです。そのなかでも、我慢を強いられる「節約」とは異なり、「節税」は適切な知識を身につけるだけで叶います。じつは、ストレスなくおこなえることにもかかわらず、多くの人が疎かにしていることでもあります。

たとえば、所得税は否応なしに累進課税制度により最大45％まで課税されてしまいます。住民税と合わせると55％。これが株式投資だと分離課税で20％。税率が倍以上違います。不動産投資は個人では総合課税ですが、長期譲渡所得では税金が約半分になったり、法人を利用したりすることにより30％弱程度で収まります。配当に対しては20％です。労働力を切り売りして汗をかいた対価に対する税率がいちばん高い、という皮肉な話ですが知っておくべき事実です。

そのほか、相続税の実質優遇措置などもあります。以前から「金持ち優遇税制」といわれる所以ですが、富裕層は納めるべき税金を納めることは当然のことながら、税制について非常に詳しい人が多いです。

「今すぐ」「少額」から投資をはじめる

ゴルフクラブをはじめて手にした人がいきなりラウンドを回っても思いどおりの結果を出せないように、投資もいきなり大金をつぎ込んでハイリターンを狙うのは無謀です。

とはいえ、レッスン本ばかり読んで、脳内シミュレーションだけは完璧にできているのに、いつまでもラウンドに出ないのはもっとよくない。投資を躊躇する暇があるなら、お金を増やすために動き、経験値を積むほうが賢い時間の使い方。投資は「今すぐ」「少額から」スタートするに限る、ということになります。

「今すぐ」はじめる理由は、富裕層の思考にマインドをシフトし、行動様式を手に入れるため。「お金が貯まったらはじめよう」という意識ではなく、「お金を増やすために今すぐはじめよう」がお金を増幅させる考え方です。先の例でいえば

「語学の学習が十分にできたと思えたら、実際に会話をしてみよう」ということと同じこと。もっとも大切な最初のステップを先送りしている状態なので、そのような機会はいつまでたっても訪れません。

「少額から」はじめる最大のメリットは経験値を増やせる点です。勝つことも負けることもあるのが投資の世界。でも、投資初心者にとって勝ち負けより大切なのが経験値を上げていくことです。

たとえ負けても、「なぜ失敗したのか」「どうすれば成功につながるのか」などということを、各判断をしたタイミングにおける感情や、仮説の立て方を振り返り、向き合うことが、自分の経験値として残ります。学習においても「予習対復習論争」がありますが、私は「失敗を省みること。そこから次の計画を立ててアクションをすること」を繰り返し記憶に定着させることが大事だと信じています。

少額ではじめれば、たとえ負けても金額が少なく済むのもいいところです。投資にまつわる情報を得る習慣が自然と身につき、適切な人脈がつくれる可能性があると考えれば、マイナスでもダメージでもありません。まさにそれこそが自身の経験値や人脈形成に向けた「投資」にほかならずプラスでしかないのです。

本当に危ないのは、ビギナーズラックで投資が奏功し、急に大金をつかんでしまうタイプです。経験値や金融リテラシーの不足が災いし、その後大きく損をするケースがとても多いのです。運用経験もないのに、退職金を分散せず、一度にひとつの投資につぎ込んでしまう人などはこのタイプです。

少額投資の具体的なはじめ方のひとつに、ネット証券があります。ネット証券は、比較的簡単に口座を開けるうえに、銀行ほど手数料が高くありません。人を介さずに自分で手続きができる手軽さや、少額投資に対して豊富な投資商品ラインアップがある点も人気です。個人的には「宝くじよりも勝てる確率は高く、儲からなくても自身の成長投資にしかならないのだからとにかく少額で買ってみては?」という気軽なスタンスではじめていいと思っています。

銘柄選びについて迷ったときの鉄則ですが、まずは自分がよく理解できるものを買いましょう。家を買うとき、車を買うとき、何だかよくわからないものを買う人はまずいません。これが投資話になると突然、よく知らない会社だけど、「流行りの銘柄だし自分も投資をしないと損してしまう」という焦燥感や、「絶対損しない理屈だ」といったものに流されて投資してしまい、株式マーケットの魔物に呑まれます。

基本的な話ですが、自分が応援したいと思う企業や、自分の生活まわりの消費財系の株など、興味と関心が続くところからはじめましょう。

「長期投資」と「分散投資」は資産運用の鉄則と心得る

長期投資と分散投資が重要——これは投資をはじめるときの基本のセオリーで

す。反対に、「短期投資と1点投資は絶対に危ない」とは肝に銘じておきたいことでもあります。

1日、場合によっては数時間のうちに売買を繰り返すデイトレードは、短期的なトレードで小さな利益を積み重ねることや微調整が効くというメリットもありますが、つねに値動きを当て続けるプレッシャーに晒されますし、取引回数によっては手数料コストが嵩み、手数料負けもあり得ます。何より本業を抱えつつ、不労所得として「お金に働いてもらう」コンセプトからすると、時間も労力もとられるデイトレードは現実的ではありません。

もちろん、長期投資をすれば必ず成功するとは限りませんが、短期投資と比較して数多くのメリットがあることはたしかです。

一時的なイベントに左右されにくく、投資対象の中長期の成長戦略や、市場への浸透度、理解度を十分に考慮して投資を行うため、結果が出るまで待てること、値動き幅が短期投資と比較して安定的であること、などです。

値動きが安定的といっても、複利の力を利用できるのが長期投資の魅力です。

投資期間が長いほど複利の力が指数関数的に働きます。

分散投資の目的はリスクヘッジです。一種類だけに絞った投資が危険な理由は、その投資が値下がりしたとき、一度にすべての資産を失うこともあるからです。「国や通貨を複数に分ける」「種類の異なる金融商品を組み合わせる」「時期を分けて購入する」というように、分散させて投資をすることでリスクを低減することができます。

たとえば富裕層のケースを具体的に挙げると、国内上場株式だけでなく、未上場株式（エンジェル投資など）、アメリカ上場株式・ETF（上場投資信託）、国内VCファンド、インドVCファンド、アフリカVCファンド、区分マンションと1棟マンション、商業施設などの不動産、太陽光発電所、外国為替、暗号資産などをひとりの人が分散して持っていたりします。

富裕層は日本円だけを保有することも少なく、「マーケットが急展開したときにチャンスを逃さず大きな投資ができる分だけは日本円を残しているものの、あとは米ドルや流動性のある外貨で持っている」という人も珍しくありません。

投資対象に不動産があると、「不動産は金額が大きいので、よほどの富豪でない限り、そのほかのものに投資ができなくなるのでは？」と思うかもしれませんが、不動産には借入とを併用することが多いので、意外とその心配は少なくて済みます。

というのも、たとえばA社の株を1，000万円分購入するには、1，000万円が必要です。ここでは信用取引については考慮しないこととしています。相対的にリスクも高いので、初心者や長期投資を目指す方にはおすすめしません。一方、5，000万円の不動産を購入するために当座必要なのはたとえば自己資金の500万円で、残りは借入できることがあります。

この状況を「私は1，000万円の株と5，000万円の不動産を持っている」ということもできますが、使っているお金をベースに考えれば「私は株には1，000万円、不動産には500万円のリスクをそれぞれとっている」と言い換えることもできます。すると、それほど不動産投資に大きな自己資金を割いていないことがわかるのではないでしょうか。当然ながら「4，500万円の借入の返済リスクをとっている」ということを忘れてはなりません。そこはリスク・リターンの関係をきちんと整理したうえでのお話です。

このように、投資する商品によって借入の有無はありますが、富裕層の投資の内訳はバランスよく満遍なく分散している印象があります。

たとえば先ほどの富裕層のケースだと、日本（不動産、エンジェル投資、上場株など）：アメリカ（米株、ドルなど）：インドやアフリカなどの新興国（未上場株投資など）の割合がだいたい30%、50%、20%というイメージで保有しています。割合はともかく分散投資のイメージはつかんでいただけるかと思います。

余談ですが、金融商品以外でも、美術品・骨董品、ワイン、高級車などさまざまなコレクション、航空機などもあります。ですが、これらは値動きの予想が難しく、所有の意義や権威の象徴という意味合いもあるので、それ自体の投資の難易度はより高いと考えてください。

富裕層が今あえて日本のマーケットに注目する理由

人気の投資としてS&P500やオルカンが注目されていると前述しました。日本以外の投資、とくに「これまで順調に上がっているアメリカに投資をしよう」「世界中の株式の分散投資をしよう」という流れがある一方で、「いやいや、日本だって今、面白いマーケットになっていますよ」という富裕層たちの意見もあります。

日本の株式マーケットは20年以上の長きに亘り停滞していることを背景に、「だから今こそS&P500・オルカン投資」となっていたわけですが、言い方を変えると日本の株式マーケットは「安い」状態のまま放置されてきた、ともいえます。さまざまな理由がありますが、企業が株価や株主を意識した経営をおこなわず、透明なコーポレートガバナンスが機能していない、企業が企業の株を持ち合っていることで市場に出回らない、本業に無関係な不動産などの資産を抱えたまま売らないため資産効率・資本効率が悪い（所謂PBR問題）、などです。

結果として、諸外国と比較して株式市場の透明性や健全性が低いということを問題視して、東京証券取引所による「『資本コストや株価を意識した経営の実現に向けた対応』」などをはじめさまざまな対策をとっているのが現状です。

投資は相対的なものなので、「S&P500やオルカン」のように「今も健全かもしれないが、今後成長していく（株価が上がる）可能性」にかけるだけでなく「今が圧倒的に安いので、その状況が改善される（株価が上がる）」という、軸があることを理解しておく必要があります。

アメリカ株の成長性は否定しないものの、日本株が今は割安になっているということについて注視している、ということです。


それは、富裕層はいつでも次のように両輪で物事を見ているからです。

1. 成長投資、グロース投資をせよ
2. 割安投資、バリュー投資をせよ

富裕層はこれらの2つの論調のどちらかを採用するのではなく、両方をとりにいきます。つまり、これから成長が見込める株も買えばいいし、明らかにお買い得ならそちらの株も買えばいい、ということです。

僕自身、日本株も正しく目利きをすれば儲けるチャンスは相応にあると思っています。日本人としてマーケットのことを勉強し、経験値や手腕を身につけたいと考えるなら、いきなり外国株ではなく、言語やルール、文化や風土を熟知している日本という国の株式投資に挑戦してみてもいいのではないでしょうか。

プロ投資に対する幻想の誤解を解く

株式投資に対するよくある誤解のひとつは、「プロでさえ継続して利益を出し続けるのは難しいのに、一般人が勝てるわけがない」というものです。

この誤解を解くには、プロと個人の投資の属性の違いを知ることが必要です。まず、プロと個人では動かすお金の大きさが異なります。個人投資家が1万円を10万円にすることはそれほど難しいことではありませんが、どんなに経験値の高いプロであっても1，000億円を1兆円にするのはとても大変です。またプロ投資では以下の2つの制約があります。

ひとつは、1，000億円を運用するようなプロは、「時価総額100億円の銘柄を買う」ということが、投資規模が小さすぎてやりづらいという点です。これはどういうことかというと、通常はひとつの銘柄を売買する際に、その売買そのもので株価を乱高下させないように注意する必要があります。その会社の株式の1％でも売り買いすると、株価に大きな影響を与えてしまいます。

すると時価総額100億円の会社の1％、1億円がその銘柄で取引できる上限です。1，000億円を運用しようと思ったら、1，000社に投資をしなければなりません。これは非現実的です。「そんなふうに、いちいち細かく買っている場合じゃない」となるため1，000億円を運用する必要があるときは、相応に大きな企業の株を買わざるを得ません。

そのような規模感の大企業の株はよくも悪くも安定していることが多いため、リターンはそこまで高くない、ということがあります。ある程度目利きができるようになった投資家が、中小型株を投資対象としているのは、「プロが参入しにくいから」というのもひとつの理由です。

もうひとつは、プロがファンド運用目的で預かった1，000億は、何らかの理由で運用しなければならないということです。苦労して集めたお金を、「いいものがない」「今は機を待つべき」、といった言い訳で何にも投資せず運用しないわけにはいかないのです。「本当に」自信をもって投資している銘柄以外にも、やや消極的だが投資せざるを得ない銘柄も混ざっていることがあります。こういう投資は損をしないことが大切なので、おのずとリターンも限定的です。

このような制約がかかった投資ポジションが玉石混交になっているのが、プロ投資のリターンなのです。

逆にいえば、個人投資家はプロとは異なり、1銘柄あたりのサイズ、運用したい金額、売買タイミングなどに何の制約もありません。本当に勝算が見込めるものだけを選りすぐって投資もできますし、より小さい規模の株式を丁寧にさらっていくことで、勝算が見込めるということでもあります。日本の中小型株を個別に丁寧に研究していくことは、プロよりも個人投資家のほうが有利に働く投資ではないでしょうか。

手数料の罠にはまらないために知っておきたいこと

せっかく投資をはじめて儲かったとしても、元手となる資金が少額の場合、そこから手数料を引かれると残ったお金は意外と少ない……などということもあるでしょう。

金融商品を購入するときにかかる手数料、保有している間ずっと支払う手数料、解約して売るときにかかる手数料というように、思っているより多くのシーンで手数料がかかるもの。だからこそ、手元により多くのお金を残すためには、いかに手数料を抑えられるかが重要になります。

たとえば、手数料を抑えることを目的にするなら、ファンドラップは避けたほうがいいでしょう。金融機関のプロが投資家に代わって資産の運用や管理をする「おまかせサービス」のラップ投資は、名目上は投資家の方針を反映するという形でおこなわれます。

ところが、そのじつ個人用のテイラーメイドの運用にはなっていないことが多く、カウンセリングという名のアンケートレベルのものもあります。そもそもの運用のクオリティが高くないものもままあり、運用担当がトレーダーですらないことも多いです。

そして何よりひとつひとつの金融商品で手数料がかかっているのに、それをまとめてラップでグルグル巻くことに対して、さらに二重、三重、それ以上の、手数料と抜いている点が問題です。分散投資といえば聞こえはいいですが、分散したものをさらに分散している分だけたくさんの手数料がかかっています。口座管理手数料や投資一任手数料、信託報酬などその手数料の多さから、ベテラン投資家たちからは「ラップ投資をするくらいなら、ダーツで適当に選んだ銘柄をいくつか買ったほうが好リターン」といわれているくらいですし、金融庁からも注意喚起が出ています。

「投資の専門家があなたの代わりに資金を運用、管理します」という投資信託も同じコンセプトで結構な手数料がかかります。

ただ、投資信託と似た性質を持つＥＴＦは株式のように成行や指値で注文して購入します。購入時や売却時の売買手数料、信託報酬はかかるものの、投資信託の売買にかかる申込手数料や信託財産留保額はＥＴＦではかからず、一般的にはＥＴＦのほうが手数料がかからないことが多いです。

このように、同じようなタイプの投資をしても、余計に手数料がかかるものもあるということを知っておく必要はあるでしょう。覚えておきたいのは、「余計な手数料がかかると、投資をした時点ですでにマイナス」だということです。

インカムゲイン型とキャピタルゲイン型を分けて投資する

前章では短期・長期では長期を、集中型・分散型では分散型をおすすめし、戦略としては、成長投資にもバリュー投資もどちらも狙うべきだとお伝えしました。これらの違いに加え、どういう利益構造のものを狙うのか？という点を決めておくことも大切です。

インカムゲイン型だけでは、富裕層になるための大きな利益は狙いづらい、キャピタルゲイン型ではリスクが大きかったり、果実が実るまでの時間が長すぎたりします。ですから、そのバランスをあらかじめ決めておき、資産のステージに応じてバランスを変えていくことが必要だと考えます。

ある富裕層のケースでは「日本円は1，000万円以上現金で持たない。それを超えた分はすべて投資に回す」と決めたことがターニングポイントになったといいます。彼が大切にしていたのはインカムゲインとキャピタルゲインを明確に意識していたことでした。

富裕層は、自分の投資がインカムゲイン型なのかキャピタルゲイン型なのかを整理しているのです。

たとえば、不動産投資や太陽光発電所への投資、ドル預金などは彼にとっては、安定的に利益を得ていくことが可能なインカムゲイン。ハイリターンは期待しづらいものの、安定継続的な収入になるので、そのインカムゲインで生活費や子どもの教育費など日常的な出費をまかなっています。キャピタルゲインがなくなったとしても困らない状態を保つのに必要な収入といえます。

一方、未上場株投資、インドやアフリカへの投資などは「当たったら10倍、100倍になる」というような、大きな利益を狙うことができるキャピタルゲインです。当然、これらのものは暴落するリスクもありますが、目減りする局面になっても最後まで見届けるつもりで10年、15年と長期で保有するものととらえています。だからこそ、インカムゲイン型の投資とはしっかり区別し、余裕のあるお金で投資に回します。

インカムゲイン型とキャピタルゲイン型は、どちらか一方を重視するものでもなければ、両立できないものでもありません。大事なのは、そのときの自分の状況に応じたバランスを考えることです。

たとえば会社員から富裕層になった人のケースでは、投資をはじめたばかりの頃は「インカムゲイン：キャピタルゲイン＝8：2」という割合で投資資金を分配していたとのこと。そして、「給与以外の収入として、インカムゲイン型の投資で年間収入3，000万円が確保できたら、後はすべてキャピタルゲインのほうに回して大きな利益を狙う」と自身のターニングポイントを設定しました。

インカムゲインを固定したのち、キャピタルゲインが膨らんでいけば必然的に投資資産のバランスも変わってきます。現在は、「インカムゲイン：キャピタルゲイン＝3：7」の割合で順調にお金を増やしているといいます。
インカムゲイン型とキャピタルゲイン型の違いを意識しておくと、今の自分に合った投資のスタイルが自然に見えてくるようになります。

「お金×時代」の潮流をつかむ

富裕層になれる人となれない人の差のひとつに、「今と、この先のお金の流れを読むことができるかどうか」ということがあります。

サーフィンをする人も、波を読まずに手あたり次第やみくもに来た波に乗ろうとすれば、たちまち波に呑まれて命を落としてしまいます。つねに天候や風の流れを読み、自身の技術とコンディションに合わせて波乗りをする。降りた後は直ちに、そのテイクの内容を振り返り、よりよいテイクができる要因や失敗要因につき考え、チャレンジを繰り返します。

同様に、富裕層に上がっていく人は、儲かる兆しやタイミングを逃さないよう、自分自身でしっかりとお金の流れを見極めている人。たとえばある銘柄の株価が上がったとしても、それがマーケット全体の流れで上がったのか、個社特有の成功要因で上がるべくして上がったのか、といったことに気づけるところにポイントがあります。それには、投資に興味や好奇心を持って学習を継続することが条件です。そうしないと、相場の変化に気づくことができないからです。


ここで僕の話を少しだけさせてください。

ゴールドマン・サックス時代には、いろいろな富裕層の人たちのお金の増やし方を見て「お金×時代」の潮流を読むことの重要性を学びました。

たとえば、ここ数年日本に空前のマーケットブームが起こっています。株式も不動産も、今はとにかく日本で運用すべきだろう、という流れでした。急激に進んだ円安、長期に亙る超低金利、それにもかかわらず銀行の積極的な融資姿勢など、原因はさまざま。要は「通貨が超割安だし、ほぼタダでお金を借りられるし、やらない手はない」という金融的な要素に加え、治安のよさ、整ったインフラ、相対的な地政学リスクの低さ、豊富な観光資源、外資の参入障壁の低さ……。よくも悪くも安定的な金融・政治システムといったものが、それを後押ししている、という状況だと思います。

以前は、僕たち投資銀行マンがアラブやアブダビ、カタールなどに出向き、王様クラスの人たちに「よろしければ運用資金としてお預かりさせてください」という立場で交渉をしていたのですが、最近は向こうから押し寄せてくるのです。

「日本で投資をしたいから、市場のことやトレンドを教えてほしい」と。

王様クラスの人たちの「お金×時代」の潮流への乗っかり方を見て、僕自身も「この流れはしっかりつかまないといけない」と肌で感じました。このまま今の会社で働き続けるという道もあったかもしれませんが、40歳という自身の年齢と空前の日本のマーケットブームが重なったことには意味があり、このチャンスをつかまなければいけないと思ったのです。

マーケットのサイクルを考えると、次のムーブメントが到来するのは僕が55～60歳の頃でしょう。その年齢になってから「よし、やろう」と腰を上げるより、

40代というまだまだチャレンジできるタイミングで外に出て、市場の大きな波に乗って勝負する道を選ぼうと決めました。

僕のチャレンジはまだスタートしたばかりですが、これから「お金×時代」の潮流に乗ってどこまで辿り着くことができるのか、未来への不安もありつつ、未知なる世界に期待して楽しんでいるところです。

時代や社会が大きく動くイベントに合わせて投資方法を見直す

「お金×時代」の潮流をつかむことは大事だとお伝えしましたが、もう少し身近な話に寄せると、時代や社会が大きく動くイベントが起こるときは自分の投資を見直しましょう、というご提案です。

もちろんこれは、2024年のアメリカ大統領選の情勢を観て「今日はトランプがどうした」「明日はハリスがどうした」と一喜一憂し、短期で売買を繰り返し、頻繁にポートフォリオを見直しましょう、ということではありません。大きな社会変化の兆候を察知して投資を見直す必要がある、という意味です。

たとえば、テクノロジーの進化によって、技術革新に追いつけずに時代に取り残されてしまう企業の株を持ち続けていると、損をする危険性が高くなります。銀塩フィルムでは大手だったコダックは、デジタルカメラの台頭により、経営破綻をしてしまいました。イノベーションのジレンマに陥った典型例といわれる事例ですが、優良安定企業と思われていた会社が、技術革新の変化に対応できずまさかの破綻です。

技術革新に限らず、社会的なインパクトのあるイベントが発生したときは、自分が投資しているものを一度見直すことが大切です。

じつは僕自身も、ロシアによるウクライナ侵攻が報道された際、タイミングよく投資を見直したことで大損する危機を免れることができたという経験があります。

暗号資産を手に入れる方法のひとつにマイニングというものがあります。マイニングとは、コンピューターを使って複雑な計算をおこない、ブロックチェーン上の取引を確認や記録をし、その報酬として新たな暗号資産を得る仕組みのことをいいます。

マイニングには、高性能なコンピューターが必要になりますが、それを僕はロシアに持っていました。一度目のコンピューターの投資に関しては大きな利益を得ることができました。

一度目の投資で味をしめた僕は、二度目の投資の打診に乗りかけますが、ちょうどそのタイミングでウクライナ侵攻が起こったため、すぐに二度目の投資実行をキャンセルしました。すでに利益が出ていて、追加の利益が期待できていた一度目のコンピューターは、残念ながら回収できずに塩漬けとなってしまっています。といっても、結果的にそのレベルで済んだからいいようなものの、もし二度目の投資のキャンセルのタイミングが少しでも遅れていたら大損しているところでした。

テクノロジーの進化だけでなく、戦争やテロリズム、政治に関することなど、時代や社会に影響を与えるイベントを知るにはつねに世界のニュースにアンテナを立てておくことが欠かせません。そうやって投資を見直すタイミングを逃さないことが大切です。

金融リテラシーを身につけないと損をする

今の時代、金融リテラシーを身につけておかないと損をします。お金のプロにまかせるだけでなく、自分でもお金の知識や正しい判断力を持つことは欠かせません。

金融リテラシーを身につけていたことで得した人のエピソードは枚挙にいとまがありませんが、太陽光発電に関するFIT制度で大儲けしたケースもそのひとつでしょう。

太陽光発電などの再生可能エネルギーで発電した電気を電力会社が一定価格で一定期間買い取ることを国が保証する固定価格買取制度（FIT制度）がスタートしたのは2012年のこと。日本中の地方を中心とした広大な土地に太陽光パネルが数多く設置されることになりました。

結果からお伝えすると、制度が発表されてからの数年間の投資に関しては、20年という長期に亙り、10%近い利回りで国が買い取りを保証してくれるという、極めて魅力的な話だったのです

当時は、20年ものの日本国債の利回りが1・5%強だった時期でした。発電する段階までこぎつけられれば、実質とっているリスクはまったく同じにもかかわらず、「新しい制度だからよくわからない」「何だか怪しい話だ」と、多くの人たちがアクションをせず、静観していました。

ここに投資をした人たちは「国が買い取りを保証してくれるなら、国債買っているのと同じなのに10％近いリターンはあり得ないくらい儲かる話だ」などと、ものすごい勢いで太陽光発電所を次々につくっていきました。実際には、環境問題、景観に関する問題など社会的な問題が発生したため、それらの問題にはきちんと向き合う必要があるでしょう。ただ、このイベントともいえるFIT制度に市場の歪みを感じて投資をした人たちは大儲けをしていました。

一方、金融リテラシーが低く、そういう情報を知らなかった人たちは、同じ時期に国債を買ってしまいます。結果的に太陽光発電は利回りが10％なのに対し、国債は2％以下。金融リテラシーが身についているかいないかだけで、こんなにも大きな差がついてしまうことにもなるのです。

これは僕の個人的な意見ですが、昔の必須のたしなみだった「読み・書き・そろばん」に代わるものとして今は「金融リテラシー・英語・プログラミング」だと思っています。この3つがきちんと身についていれば、国際的に活躍でき、金銭的に豊かになれる可能性が高く、時間と場所に縛られず生きていくことができます。とくに金融リテラシーは日本の教育で必ず学んでほしいことですし、著しく欠けていると損をしたり騙されたりと、大きな不利益を被ることにつながるのではないでしょうか。

富裕層に上がった人たちの多くは早い段階で金融リテラシーを身につけた人たちであることには間違いありません。

金融リテラシーがあれば2,000万円のマンションも1億円で売れる

これは、僕自身が金融リテラシーに助けられた話です。

僕が投資していた不動産物件に、都内に2,000万円程度で買った築古の小さな中古マンションの一部屋があります。買った際には、そこそこ利回りがよか

ったので、「インカムゲイン用に長期保有しよう」というのが考えでした。

あるとき、自宅のマンションのポストに「2，800万円で買います」という不動産会社からの手紙が入っていたことがありました。

その段階でマンションを売るつもりはなかったうえ、不動産投資をはじめると毎日のようにその手の手紙が入ってくるので、基本的にはスルーです。ただ、そのとき入っていた手紙が手書きのものであったことと、郵便ではなくわざわざ自宅のポストに手で投函されていたのが印象的だったこともあり、何となく頭に残っていたのでしょう。自分で調べてみたところ、マンションの周辺で地上げが進行中だということが判明しました。もしも地上げに成功し、新しいビルが建てば4～5倍の価格がつくであろうこともざっくり試算できました。

ということは、仮に例の不動産会社が1戸あたり2，800万円でマンションの部屋をすべて買い上げたとしても、その業者にとってはまったく損をしない計算です。

「2，000万円で買ったマンションが2，800万円で売れる」というのは40％の利益率なので、一般的にはキャピタルゲインを狙った投資としても成功かもしれません。ですが、僕は不動産会社の目論見が見えたので、しばらく放っておくことにしました。

すると、しばらくして先方から「3，500万円で買います」という新たな連絡があります。元値より75％も得することになりましたが、僕はこの提案にも耳を貸さずにいました。

その後、地上げが進行し、いよいよ僕の部屋だけが残っている状況になり、そこでようやく僕は交渉のテーブルにつくことにしました。当然、自分が有利な立場にいることは把握していたので「1億円以下では売るつもりはありません」と告げたところ、先方からは「……わかりました」という返答が。結果として、2，000万円で買ったマンションが1億円で売れたのです。

ちなみに、僕以外の部屋の所有者からはある程度安く買い上げていたはずなので、僕に1億円かかったとしても地上げプロジェクト全体からすると許容範囲だったのではないでしょうか。

不動産会社からの打診に「何か事情がありそうだ」と気づき、一見お得な話でも飛びつかなかったこと。自分で調べた結果、地上げが進行中だという事実を知ることができたこと。1億円で売買に応じるという提案が、交渉成立にいたる妥当な金額だったこと。僕は、この体験を通して金融リテラシーを身につけておくことの大切さを実感することができました。

人的リソースにもレバレッジをきかせる

経営者と投資家で大きく異なる特徴のひとつに、人的リソースの考え方の違いがあるのではないでしょうか。

経営者は、自分で動くことを大切にしている印象です。僕が出会ってきた経営者は、何でも自分でできてしまうだけでなく、人並以上の結果を出してしまうようなタイプが多かったせいもあるのかもしれません。

一方、投資家のなかでもとくに富裕層たちは、如何に自分が動かず意思決定だけでものを動かしていたいということを重視し、何でもレバレッジにする、という考え方をする人が多いイメージです。

もちろん経営者も、自分は重要な意思決定をし、実務は従業員にまかせる、という意味では人的リソースをレバレッジにしていますが、その経営者にすら働いてもらって利益を得る、という意味において、投資家は株式投資を通じて、人的リソースのレバレッジをかけています。前章で「大企業のCEOに働いてもらう」とたとえたものです。

日常生活においてもたとえば、「家事はお金を支払ってハウスキーパーさんにやってもらおう」「自分で料理をするよりフードデリバリーを頼もう」「子どもの送り迎えはシッターさんにお願いしよう」というように、人的リソースにレバレッジをかける傾向があります。

そこには「お金があるから楽をしよう」という発想ではなく、「自分の時間とお金をそこに費やすなら、もっとほかに効率のいい方法があるのではないだろうか」という費用対効果を見据えた考え方があります。

ハウスキーパーやフードデリバリー、ベビーシッターなどとアウトソースした結果として生まれた時間を、稼ぐことや勉強すること、リフレッシュすることなど自分のために使おうとするのが富裕層の思考。自分の時間を増やすためには、レバレッジをかけ、アウトソースをするということをやっていく必要があることを知っているのです。


人的リソースにレバレッジをかけるうえで、気をつけたい点は2つあります。

ひとつは、「誰かに代わってもらった結果、自分が怠惰になるだけだった」という事態は避けるべきです。「ハウスキーパーさんに家事をお願いして自分は昼寝した」ではレバレッジの意味がない、ということです。「家事を代行してもらって捻出できた30分で英語の勉強をしよう」というように、レバレッジをかけたことで生まれた時間の使い方をあらかじめ決めておき、実行に移すことが大切です。

もうひとつの注意点は、人的リソースにレバレッジをかけることに対し、「悪いことをしている」という罪悪感を抱かないことです。「家事はパートナーと協力して自分たちでやらなければならない」「子どものお弁当づくりを他人にまかせるなんて親失格だ」と考えるのではなく、「時給1，500円で家事をアウトソースして、捻出した時間で時給1，500円以上の生産性を出そう」「家事をお願いしたことで空いた時間を、家族と過ごす時間にしよう」ととらえるようにします。

ランサーズやクラウドワークスといった仕事依頼サイトを活用し、お金と時間のバランスをとりながらクオリティ・オブ・ライフを上げていくというアプローチもあるということです。

Chapter 3

お金がお金を生む「お金の使い方」

Price is what you pay. Value is what you get.
価格は支払うもの。価値は得るものだ
——Warren Buffett

「してもいい借金」と「してはいけない借金」を知る

借金には「してもいい借金」と「してはいけない借金」の2種類あります。ひと口に借金といっても、すべてがマイナスではないということです。

「してもいい借金」の代表格は、不動産を買うときに必要になるお金です。とくに会社員であればなおさら、一定程度の会社に一定程度以上勤務していれば信用力がありますから、お金を借りにくい自営業の人たちとは違って借金できることは非常に大きな「特権」です。

よくも悪くも安定しているため、年収が急激に上がることもないことを悲観する会社員は多いのですが、その安定感こそが借金することができる権利を生んでいると思ってください。

僕も、17年間勤めたゴールドマン・サックスに勤めている状態で人生最大の借金をしています。数多くの不動産投資を行い億単位のお金を借りています。
借金することは必ずしも怖いことではありません。超低金利時代が終焉を迎えつつあるとはいえ、引き続き日本の低金利は魅力的です。レバレッジをかけることへのリテラシーさえ備わっていれば、借りられるものは借りたほうがいい。億を超える人たちも、そう考えて不動産投資をしています。

一方で、暗号通貨や株式などに投資するときに多額のお金を借りるのは「してはいけない借金」です。暗号通貨や株式への投資は、あくまでも自己資金の範囲で、かつ失っても生活に困らない範囲でやるのが鉄則です。
なぜ、そこまで「危ないですよ」と僕がいうのか。これも投資の鉄則ですが、レバレッジのきく投資はリターンが大きくなる分、リスクも大きくなります。それがわかっていても挑戦したくなるのは、投資する側にとっては魅力的に感じられるからでしょう。

たとえば、元手となる資金が10万円あるとして「レバレッジ5倍で投資をする」となると、元手の10万円に対し40万円の借金をして合計50万円で投資ができます。投資対象が10％値上がりした場合、50万円×10％＝5万円の利益を得られる計算です。同じ10万円でも借金なしだと、利益は1万円なので10％そのもの、借入をすると同じ10万円の元手でも利益の5万円は、50％にあたるので、魅力的ではないでしょうか。

ただ、10％値下がりした場合も同じだけ、5万円の損失、元手が半分になる点に注意が必要です。これが、「投資対象が100％値下がりした（破綻した）」という最悪のシナリオの場合、元手になる10万円すべてを失うだけでなく、40万円の借金に返済義務が生じ、大きな損失になります。

現実的には投資対象の価値がゼロになってしまうことは稀ですが、企業の倒産や暗号通貨の崩壊の可能性はゼロではないのはよく知られているとおり。不動産投資の場合は市況の変化があった場合でも、元利金の返済ができている限り、返済期間中は景気回復を待つことができます。

これが株式投資や暗号通貨の信用取引の場合、追加で証拠金を入れないと、強制的に売却されてしまい、損失が確定してしまいます。損失確定が許容できずに、手を付けてはいけない資金に手を付けて証拠金を支払い、さらに損失が拡大……ということも起こり得ます。借金してまで株式や暗号通貨に投資をするのはおすすめしません。

「そのビジネスで儲けるのは誰か?」を考える

僕がはじめて「レバレッジ商品」と出会ったのは、大学生のときでした。

大学の授業の帰り道、新宿駅前を歩いていたらイベントコンパニオンに声をかけられてクジを引かされたんです。「おめでとうございます!」といわれて当たったのは、通常7~8万円程度かかるダイビングライセンスの取得料金が無料になる権利でした。

もちろん、後から考えればすべて当たりクジが仕込まれていたことは明らか。

ですが、当時はうれしくて、気づけば僕と同じようにクジに当たったことをよろこんでいる浮かれた学生たちと、ライセンス取得のための合宿に行く約束をしていました。

当日、必要以上に感じがよくキラキラしたスタッフのお姉さんやお兄さんたちに出迎えられて合宿所に向かうバスに乗り込むと、到着するまでの車中では彼らスタッフたちによる質問攻めが待っていました。「どんなバイトをしているの？」「家賃はどのくらい？」「週に何回くらい飲みに行く？」といった自然な会話の流れのようで、そのじつ彼らの質問によって、僕らの個人情報は丸裸にされていったことに、そのときはまだ気づいていませんでした。

その後、無事にライセンスを取得。ところが、彼らの真の目的はここからで、言葉巧みに100万円もするダイビング機材を売りつけられます。

「100万円なんて大金、社会人でもないのに無理ですよ」と断る僕に、「大丈夫。分割すれば月々1万円だよ。バイトで稼いでいるし、家賃の問題もなし。飲み会を2回我慢すれば楽勝でしょ。せっかくライセンスがとれたのだから、機材を買って一緒に潜りに行こうよ」などと、行きのバスのなかで引き出した個人情報をフル活用して、スタッフたちは迫ってきます。ここでもしも断った場合、せっかく仲良くなった彼らと相当気まずい雰囲気のまま帰りのバスで一緒に過ごさなければなりません。

そうやって心理的に追い詰められた結果、多くの学生たちはローンの書類にサインをしていました。


結論として、これは最初から仕組まれたビジネスモデルだった、という話です。ライセンス取得料は無料でも、原価50万円程度のダイビング機材を100万円で売りつけることに成功すれば、相手側には相当な儲けが出るはず。

もちろん、買わされた学生側はもっと痛手です。「100万円のローンを毎月1万円ずつ、13年で返済する」という契約話で、金利がたしか7・5%くらいだったので返済総額は155万円近く支払うことになります。50万円の機材に155万円。当時のライセンスの取得料の相場は7－8万円ですから、彼らは7－8万円を餌に100万円を得るわけです。実際はローン組成の信販会社との山分けですが、まさにレバレッジ商品です。

ちなみに、「まだ20歳なのに、この先13年もローンを払っていかなければならないなんてイヤだな」と思った僕は、空気が悪くなるのを覚悟でとにかく必死に断りました。

ところが、この経験を忘れた数年後、今度は渋谷のギャラリーでラッセンの絵画を買わされそうになるという出来事に巻き込まれました。

ダイビングのときとまったく同じ手口で、感じのいいスタッフのお姉さんに話しかけられ、雑談交じりにうまいこと根掘り葉掘りに個人情報を聞き出された挙句、「絵画はそれ自体に資産価値があるから値上がりも見込めます。それに日常生活のなかに素敵な絵があると、心が豊かになりますよね。今なら100万円のローンを毎月1万円ずつ、10年で返済するプランがあります」と畳みかけられました。

そのときに「なるほど、これは世の中にまかり通った手法で、人はこうやって借金していくものなのか」と思いました。

この手のローンの金利をきちんと確認してみると、一般的な住宅ローンやオートローンとはまったく異なる高利な設定になっていることに気がつきます。リボ払い同様、「月々1万円」の罠にはまって、気がつけば返済総額が膨らんでいるのです。

僕自身は比較的若いうちに、このような経験ができてラッキーだったと思っています。借金、消費、投資の関係をきちんと整理して考えるきっかけになったからです。

そして、もっと大切なのは「これは誰が儲けているビジネスモデルなのか？」を考える習慣が身についたことです。

ダイビング機材の話なら、いちばん儲けているのはダイビングショップのオーナー。次に信販会社で、雇われている店長やアルバイトのスタッフでもなければ、当然ローンを組んで買わされた学生でもない。関わる人が多い分だけ、そのたびごとにさまざまな名目でお金が抜かれることを学び、ビジネスモデルを考えてみて、「抜かれない人」になることを心がけるようになりました。先の話ならダイビングショップより、メーカーの直販で買うわけです。

富裕層の人たちのお金の使い方も基本的には同じです。彼らはどんなにお金を持っていても、誰かが不当に儲けていたり、変にお金が抜かれたりするようなビジネスにお金を使うことはしません。その代わり、フェアな投資や買い物にはしっかりお金を使います。何が不当で何がフェアなのか、重要なのはそこを見極める力。その力を養う一歩が、つねに「これは誰が儲けているビジネスモデルなのか？」を考えるクセをつけることなのです。

「サラリーマン大家さん」の落とし穴に注意

「不動産投資のための借金は、会社員ならすべき」と前述しました。ここで気をつけたいのは、不動産投資で借金をするときは、「資産価値」「キャッシュフロー」「レバレッジ倍率」のバランスを考える必要があるということ。そして、不動産なら何でも買えばいいという話ではないということです。

「サラリーマン大家さん」に憧れる会社員は少なくありません。会社員としての給与を確保しつつ、会社以外から定期的に入ってくるお金を確保できる安定的な投資の形だからです。

ですが、物件によっては「不動産を持っているだけで儲かってはいない」ということが起こります。そういう場合、「たしかに、交際費や交通費などを経費にできてその分が節税になっている。でも、不動産そのものは赤字。通算すると少しだけ黒字という程度かな」ということも、ままあります。でもそれは、本来の目的とは違っています。不動産投資の目的はあくまでも投資であって、節税ではありません。節税はあくまでもオマケととらえ、不動産投資そのものできちんと長期的に利益が出るものを保有する必要があるのです。

よくある「サラリーマン大家さん」の失敗例としては、こんなケースがあります。

投資物件は新築の木造アパート。場所は、首都圏といっても東京生まれの人でもあまり聞いたことがないようなエリアだったりします。そのアパートに投資をしようと決めた理由は「利回りがよく、販売不動産会社による家賃保証がついているので、決まった額の家賃が入ってくるため」。

ところがいざ投資をはじめてみると、利回りがいいのは一時的なもの。不動産会社は最初から、「大家さんには最初だけ〝おいしい思い〟をさせてあげればいいだろう」という目論みで、大きな販売利益をとるために、期間限定の家賃保証で小さなリスクをとる、というパッケージで考えているわけです。

この手の不動産会社は、一定期間が過ぎた後は、契約更新のタイミングで家賃保証の継続を拒否したり、継続だとしても大幅な減額を要求してきたりするのが定石。すると、大家さんはみずからそのマイナーなエリアに建っている木造アパートの面倒を見なくてはならなくなるうえに、下手をすると億単位の借金が残ってしまうことになります。木造アパートはマンションに比べて劣化のスピードも速く、借り手も次第に減って当初の賃料レベルで貸せなくなり、さらに赤字が膨らんでいく……という負のスパイラルを止められなくなっていくのです。

このように、不動産会社のビジネスモデルにはまり、「建物の価値も低ければ、土地の価値も低い」というような投資物件に手を出してしまわないよう、購入するときは慎重にならなければいけません。

2018年には「スルガショック」「かぼちゃの馬車事件」と呼ばれた巨大不正融資事件がありました。

かぼちゃの馬車とは、株式会社スマートデイズが企画・販売していた女性専用シェアハウスのブランド名です。「賃料30年保証、利回り8％」といったうたい文句に、不動産投資家は、スルガ銀行から1億円ほどの融資を受け、続々とかぼちゃの馬車を購入したものの、サブリース契約を締結したスマートデイズはわずか数年で経営破綻。スマートデイズに賃料の支払いを滞納された不動産投資家はローンの返済ができなくなり、自己破産が続出。「かぼちゃの馬車事件」として社会問題にまで発展しました。

驚くことに、1，000人を超える被害者の不動産投資家のなかには、医者や弁護士、大学教授といった社会的にステータスの高い人たちが数多く含まれていました。その道の一流の人であっても、金融リテラシーの欠如により、こうした被害にあってしまうのです。

では、富裕層が不動産投資をする際、どこを見て、どんな物件を購入しているのでしょうか。

たとえば、とある富裕層の人は、こんな条件を挙げています。「築年数は気にしない。それよりも、メジャーなエリアで駅から徒歩5分圏内の物件にこだわる」。築年数が古くても、リノベーションをして整えている限り、退去者が出ても利便性のよさからすぐまた次の入居者が決まるので空き室の心配をしなくていい、メジャーなエリアの見極めについては長期に亙って需要がきちんと見込めることが大切で、人口や乗降客数が安定していたり増加していたりするようなところを見ています。また、当然ながら公示価格などの不動産の直接的な指標の動向も見ています。

僕自身が不動産投資をする際は、自分自身に土地勘のあるエリアであることが最優先。やはり築年数にはこだわりはありません。保有している物件は築25年〜30年のものばかりです。

大切なのは、その街の雰囲気を知っていて、そこに暮らす人々の生活を思い描けるようなところにある物件です。住んでいる人たちの活動が活発な場所であれば、築年数は問わず、むしろ築年数が古いために相場より安い価格で購入できることにメリットを感じています。

築30年の物件を安く手に入れて、外国人向けマンションのようにフルリノベーションして付加価値をつけて高い家賃で貸し出す、という投資もできますし、またそういう場所だと将来的に再開発が起こる可能性があり、築年が古いことで割安で買えたものが、地上げや周辺の再開発の恩恵により、大化けする可能性も秘めています。

反対に、「僕だったら手を出さないだろうな」と考えるのは、自分が馴染みのないエリアにある○○ニュータウンや○○の丘といった大手不動産ディベロッパーのビジネスモデルが絡んでいそうな物件です。限界ニュータウンが社会問題になっているとおり、需給を無視した乱開発はいつか必ず破綻します。そうした物件は避け、自分がきちんとイメージできる物件を慎重に選び、手堅く投資をしていくことを心がけています。

「目利き力」より「交渉力」で大きな利を得る

金融リテラシーの必要性についてはお伝えしていますが、金融リテラシーが身についていることの大きなメリットとして「交渉力が上がる」ということもあります。不動産投資の場合、その土地や物件が価値のあるものかどうかを見極める「目利き力」が優れているに越したことはありません。ですが、もし「目利き力」に自信がなかったり正確な判断をするのに時間が足りなかったりしても、「交渉力」があれば大きな戦力になります。

これは僕自身が体験した、実家での出来事です。

数年前、お正月に実家に帰省したときのことです。お節料理をつつきながら両親と何げなく会話をしているなかで、実家の隣家に住んでいる老婦人から「家を買ってくれませんか？」という提案を受けた、という話を聞かされました。両親の感覚からすれば藪から棒な話で、突然隣地の不動産を買うなんてあり得ない、ということで断ろうとしていました。僕はこの話は面白い可能性があると思い、詳細を聞くことにしました。

隣家の土地は、いわゆる「旗竿地」。旗竿地とは、道路に接している出入口部分が細長くなっていて、その奥にまとまった敷地がある土地のことをいいます。まわりに隣接する建物から採光やプライバシーをどう守るかという立地的な問題もあり、旗竿地はもともと周辺の土地相場より価格が極めて安くなっていることが多く、売却時には買い手がつかないこともあるといわれています。

しかも隣家の土地は、建物が建築された当時とは法律が変わり、現行の建築基準法では現在の築60年弱の家を取り壊すと、新しい建物を建てることができない制約があることが判明。つまり、著しく価値も流動性も低い土地になることがわかりました。

ところが、僕の実家はこの旗竿地に隣接しているので、仮にここを買ったとしたら、実家と合わせて大きな土地になるため、価値や流動性も大きく向上させることができます。お隣さんにとっては価値の低い土地でも、隣地所有者である僕の実家にとっては市場の価値になるわけです。

不動産業界には、「隣の土地は借金してでも買え」という格言がありますが、これは正にその状況だ、と思い正月早々でしたが交渉を開始。一度は、こちらの提示した購入希望価格に対し「安すぎる」といわれたものの、僕が購入しなければしばらく土地売却の見込みがたたない状況だったことや、先方に早めに資金化したい事情があったことも影響したのか、こちらのスピーディな意思決定や、借入れなしで自己資金で決済する、という確実性をアピールした購入意思表示はポジティブに受け入れてもらえた様子。途中、不動産鑑定士の意見を参考にしながら、さらに交渉を重ねていきました。

結局、交渉の末、43・91坪（145．16平米）の土地を1，710万円で購入。

1坪あたり約38・9万円の価格です。ところが、不動産鑑定士によるとこの土地の市場価値は1坪あたり220〜250万円であり、43・91坪全体では9,660万〜1億978万円に相当します。つまり、潜在利益は約7,950万円から9,268万円にもなったのです。

この出来事から学んだことは、金融リテラシーが身についていれば、ささいなことに思える出来事でも投資のチャンスととらえることができ、交渉力という武器で戦いに勝つことができる、ということです。

とくに、不動産投資を見据えるなら、税制や法制度が変わるというニュースにはアンテナを張っておく必要があります。

たとえば、2024年には建物区分所有等に関する法律（いわゆるマンション法）が見直され、建て替え決議の要件が緩和される素案が法制審議会より示されました。こういうニュースを見た際に、目をつけている物件にチャンスの芽がないか、すでに持っている物件が不利にならないか、というように自分にとって何かしらの意味があるかどうかを考えることが大切です。

分譲or賃貸の住宅問題に出す富裕層の最終結論は？

「不動産は一生に一度の大きな買い物」というメンタルブロックのある富裕層に、僕は会ったことがありません。それは、富裕層が家のひとつや2つ平気で買えるお金持ちだからではありません。多くの富裕層は、金融リテラシーがきちんと身についているため、不動産は流動性のあるものとして買ったり、そのための借金をしたりといったことに不安感や抵抗感を抱く必要がないのです。

よくある「不動産は分譲と賃貸、どちらがお得ですか？」という質問に対しても、富裕層の答えは「分譲か賃貸かは問題ではなく、物件次第で決める」というケースが多いでしょう。自分が住みたいと思うことが最優先で、住みたいと思った家が分譲しかなければ買うし、賃貸しかなければ借りる。分譲で買ってしまっても、ライフステージの変化や転勤等の理由で引っ越しが必要になるなら、「貸せばいい」「売ればいい」と不動産について極めてカジュアルにとらえています。

それ以外にも分譲の投資性や貸しやすさ、売りやすさについての分析はしますし、会社の制度によっては賃貸の場合の税務メリットを享受できるケースもありますので、「分譲対賃貸」みたいな極論で考える必要はないと思います。

もちろん、コベナンツ違反には気をつけなければいけません。コベナンツとは、融資契約をするときに契約書に記載される債務者側の義務や制限などの特約事項のこと。たとえば、住宅ローンの場合、「自分が住むことを前提にお金を借りたのに、自分で住まずに誰かに貸すのは契約違反だ」と制限されるケースもあるので、不動産投資をするときには注意が必要です。

富裕層だけにしか出回らない不動産物件のカラクリ

「富裕層の間でしか出回らない不動産物件って、本当にあるの?」と聞かれることがあります。

これに対しては、「たしかにあります」とお答えしています。富裕層だけが知ることができる不動産物件のパターンは2つあります。

ひとつは、セレブ感溢れる豪奢な物件で、住んでいることがステータスになるようなものです。このパターンは、ハイブランドのお店の常連客だけが通される部屋でプレミアムのついた商品をおすすめされるようなもの。「安く買って貸したり売ったりして儲けよう」という主旨のものではありません。

もうひとつのパターンは、特別なゴージャス感はないけれど、立地や築年数、価格などを考慮するとどう考えても儲けることができる物件です。こういう物件は、ネットで探しても出てこないことがほとんどです。


なぜ、富裕層の間でしか出回らない物件が存在しているのか？　それは、不動産物件を売る側の立場で考えるとわかりやすいでしょう。

たとえば、富裕層は意思決定が速いことに加え、不動産の取引に慣れている人が多く、物件を紹介するとその場ですぐに「じゃあ、買いましょう」となるケースも少なくありません。しかも、ローンの審査が下りないリスクはほとんどないので、確実に売れます。こうして優良案件は市場に出回る前に富裕層が押さえてしまいます。

富裕層を担当する営業マンとしても「手っ取り早く、ものすごい額の手数料が確実に手に入る」ということになります。一般の人に5，000万円の物件を10戸販売するのは時間と手間がかかりますが、今すぐ富裕層が5億の物件を1戸買ってくれるなら、迅速に儲けることができます。浮いた時間でまた別の富裕層に優良案件を紹介して、一般の人を担当する営業マンよりも大きく儲けることができます。

富裕層の多くは気に入ったひとりの営業マンに絞ってお付き合いをすることが多いのも特徴です。大きな金額の取引を継続的にできる富裕層は不動産会社にはメリットが多い分、大切に扱われるもの。いい物件を富裕層に紹介することで、不動産会社のリターンも大きくなるのです。

さらに、富裕層同士が営業マンを紹介し合うこともあります。「The rich get

richer.（金持ちはより金持ちに）」という格言のように、富裕層は優良案件でより豊かに、担当する営業マンも、リッチな人を捕まえたことで自分もよりリッチになっていく……というスパイラルが生まれるのです。

事業の資金調達はどこからすべき？

事業をはじめようとするときは、どこから資金調達をしたらいいのか。私が提案しているのは、次の順番です。

1．公庫などの借入れ
↓
2．個人保証が求められない限りの金融機関からの借入れ
↓

3. 株式の放出

政策金融公庫や国関連、自治体が優遇して貸してくれるところから借りるのはありです。実績や与信がともなわない段階でも借入れできる場合があります。

実績を積み重ねると金融機関からの借入れもできるようになりますが、できる限り個人保証を背負わない範囲で借入れるのがいいと考えています。個人保証を背負ってしまうと、それが重たくなったときにやめるにやめられないという事態が起こります。近年は、経営者保証に関するガイドラインというものもあり、個人保証を差し入れなくても借入れができるケースが増えてきました。

最後の株式の放出ですが、最近はエンジェル投資やクラウドファンディングなど、自分の持ち株を売却したり、増資という形で新株を発行することによる資金調達がカジュアルにできる環境になっています。

ただ、その際気をつけたいのは次のようなケースに陥ることです。

自分の事業に出資してくれる人たちが現れたことで浮かれてしまったり、資金繰りに窮していて正常な判断ができなかったりすることから「この人に株を10%

渡そう」「あの人にも株を10%渡そう」などと分配していくうちに、みるみる自分の分が少なくなっているという事態です。せっかく事業をはじめて成功したのに、「100億で上場したときに自分の持ち株が5%しかなかった」ということになっては元も子もありません。借入は返済すればよいですが、一度放出してしまった株式は、自社株買いなどの特殊なケースを除き、基本的には元に戻せません。

事業をはじめるという投資は、株式や不動産投資とはまったく異なるもの。知見なのか人脈なのか、その事業を成功させるために必要なリソースをぬかりなく準備することは欠かせないでしょう。

富裕層がお金を生み出すためにやらないこと

富裕層がお金を儲けるためにやらないことのひとつに、「相場に動じてパニックを起こさない」ということがあります。

「90%の確率で100万円儲かるけれど、10%の確率で500万円損します」という投資話があった場合、この投資の期待値は90%×100万円－10%×500万円＝40万円とプラスになるので、理論的にはやるべきものです。ところが、多くの人は「小さな確率でも大きな損をするのは怖い」と思い、たとえ10%の損失の確率であっても投資をしない選択をします。

こうした「人は利益を得ることよりも、損失を避けることを優先する傾向のこと」を損失回避バイアスといいます。このバイアスがかかった状態に自分で気づいていないと、相場の変化によってパニックを起こしかねません。理性的かつ冷静な判断ができず、情報や煽動に翻弄されているうちに、相場の濁流に呑まれてしまいます。

少しでも相場が上がったときに、下がるのが怖くてすぐに利益確定をしてしまう人も、損失回避バイアスがかかっていることに気づいていない人の例です。そのまま持っていれば、何倍にもなったはずなのに「10%でも儲かって、損もしなくてよかった」などという調子で投資をしている限り、投資で儲かることはまずないでしょう。

そういう人は相場が暴落しているにもかかわらず、「暴落は一時的なものだから、また上がるはず」と損失を確定したくなくて、損切りができず二度と浮き上がれなくなってしまうことが多いです。利益の天井は低いところにあり、損失は底なし、その期待値は……明らかに大幅なマイナスです。

投資をする際は、「買った理由」や「あらかじめ決めた損切りライン」などをメモして、買った理由の前提が崩れたり、損切りラインを超えたりしたときは、感情を抜きにして売買をすることが鉄則です。

その点、金融リテラシーが身についている富裕層は、相場の変動ではパニックを起こしません。業界動向や最新のニュースには目を通して相場の動きを気にかけつつも、「〇%儲かるまでは動かさない」とあらかじめ決めた金額まで手をつけないようにします。

やむなく売却するときは「買った理由が崩れたとき」など合理性が認められるときですし、相場が暴落しているときは、むしろ割安に買えるチャンスと見て、パニック売りになっている銘柄を買ったり、相場以上に下がったりしている銘柄を冷静に拾って、利益を出しています。

僕の例ではありますが、2010年代に、国内でSNSやウェブメディア系の会社が、こぞって携帯ゲーム事業に乗り出していたことがあります。とくにソーシャルゲームにおける、いわゆる「コンプリートガチャ」というガチャです。ガチャで獲得した複数のカードの組み合わせで、希少なカードなどのアイテムが獲得できるシステムがプレーヤーの射幸心を煽り、ゲームへの課金が進み、各社の携帯ゲーム事業が急成長しました。

ところが、このガチャシステムが景品表示法で制限されるという判断がなされ、2012年にコンプガチャは廃止されます。これを受け、同事業に注力していた各社の株価は大暴落しました。そのとき僕は大暴落している銘柄の1社を大きく買いに出ました。

理由を説明します。僕が買った会社は、他社に比べてガチャの導入スピードが遅く、「ガチャシステムからの利益貢献が少ない」「株価も振るわない」ということで、暴落前には株主から「ガチャは儲かる仕組みなんだから、もっと販促費も投じて事業をSNSからゲームにシフトしろ」という意見が出ていました。

それにもかかわらず、ガチャ廃止のニュースが出たときには、ガチャを中心にビジネスをシフトした会社と同じように暴落してしまいました。たしかに同業のように見えるのですが、「むしろ渦中の事業にシフトし切れなかっただけの会社だ」ということで、「これは一過性の下げで戻るだろう」という見立てのもと、この会社に大きく投資をしたのです。この読みは当たり、3か月ほどで株価は元通りになり、大きな利益を出すことができました。

相場が少し崩れただけで自分の決めた投資のシナリオを変更しなくてはならな

いなら、最初からそのシナリオに問題があったということ。富裕層たちは「これなら大丈夫」という自分なりの勝つシナリオづくりに注力しているので、たとえ相場が揺らぐようなことがあっても平常心でいられるのです。

その出費は、投資か消費か？

富裕層はお金を使うとき、その出費が「投資」なのか、それとも単なる「消費」に過ぎないのか、その2つを明確に線引きしています。

私たちの日常生活でも、「投資か消費か？」の意識の線引きをしたうえでお金を使うようにすると、そのお金を失ったときも悔しい思いをしなくて済みます、たとえば、競馬場に行ってボロ負けをしたとき、「ついてない1日だった」と落ち込んで帰り、酒を飲みふて寝をするのは消費。「はじめて競馬場に来て公営ギャンブルをしたのはいい経験だった。これは胴元が儲かるメカニズムだということが理解できたので、娯楽ならいいけどギャンブルとして今後お金を投じるのはやめておこう」「競走馬の育成システムなどは興味が湧いたので、もっと勉強してみよう」と学習できたならそれは投資。そうした経験をアップしたSNSで共感してくれる人がいて、広告収入につながることもあるかもしれません。

食事をして後輩にご馳走するのも、無駄遣いではなく「いざというときに助けてくれる後輩を育てるための投資」ととらえるか。料理人を目指す人が、三ツ星レストランで1人5万円のコースの食事をするのは散財なのか、「一流のものに触れる貴重な機会」という投資なのか。それが自分のための経験値としてとらえることができるなら消費ではなく投資、という考え方もできるかもしれません。

少し前、ホリエモンとカウンターで寿司を食べるイベントが話題になっていました。毎回10人限定、ホリエモンと話をしながら寿司を食べる費用は1人15万円。1食15万円の寿司はたしかに高級ですが、ホリエモンの話を聞いて、自分が一生懸命に考えて温めていたアイデアを彼に披露して、それに対して意見をもらってビジネスにつなげることができるなら、それは大きな価値になり得る投資でしょう。

同じ著名人のイベントでも、たとえば一度に数百人が参加できる5万円のビジネスセミナーがあったとしたら、それは基本受け身で、一人ひとりの事情に合わせた話は聞けず、自分のアイデアをぶつけてフィードバックをもらうことも難しいでしょう。

寿司の話は、ただ寿司を食べてホリエモンとの会話を楽しむ以上の価値を考えるべきで、リターンを回収すべく食事中の会話の事前準備を入念にできるかどうか、ということで投資回収ができるかどうかが決まります。

ホリエモンに限らず、その道のプロから何かを得ようとするための出費は、消費ではなく自分への投資と考えていいのではないでしょうか。

お金を使うとき、「これは投資か消費か?」を意識すると、それまでとは使うお金の意味が変わってくると思います。

お金を使って人脈のレベルを上げる

自分のための投資にお金を上手に使えるようになると、思いがけない出会いの機会に恵まれることもあります。お金を投資して積極的にいろいろな経験を積んでいくプロセスで、さまざまな場所に出入りするようになると、そこでしか会うことができない人と会えるようになるのです。「自分に投資して自分のレベルを上げていくことで、人脈のレベルも上がっていく」というのが富裕層の考え方であり金銭感覚です。

僕自身、仕事の合間にひとりで食事をしに行くことがあり、少し背伸びをしたお店に行くこともあるのですが、そこで出会った人やお店の人と話をしているうちに、また別の人や投資話を紹介してもらう、ということは珍しくありません。

あるレストランで食事をしていた際、そのレストランの運営母体のオーナーと知り合う機会がありました。そこでお互いの自己紹介をしながら意気投合するなかで、彼が新しいビジネスとして、飲食店の経営改善ツールをつくる会社をはじめる話になります。僕は彼の話や理念に共感し、エンジェル投資をすることになりました。

「今はお金をコツコツ貯めている時期なので、外食は一切しません」という考えだったら一生出会うことのなかった人たちと巡り会えたのも、使うべきところにお金を使っているからだと思っています。

もちろん、だからといって「毎晩、一流のレストランに足を運びましょう」ということではありませんが、今よりステップアップしたいなら財布の紐を緩めるべき出費と、締めるべき出費の線引きを見直す必要はあるのではないでしょうか。

「支出を抑える節約術」「賢いお金の稼ぎ方」はほぼ意味がない

雑誌やＴＶの特集でときどき見かける「支出を抑える節約術」「賢いお金の稼ぎ方」の内容に疑問を感じることがあります。

もちろん無駄な支出は減らすべきです。お金を増やすためにいちばんにするべきことは、無駄を減らすこと、というのは基本中の基本です。ただし、たとえば、ポイ活やステータス修行、マイル修行などは、節約できる金額が知れていますし、お金を稼げてもいません。何より時間の消費が莫大です。金融用語でいうＲＯＩ（Return On Investment）という投資したリソースに対して得られる収益の視点がないと、ポイントを貯めたくてわざわざ遠くのショップまで足を運んだり、航空会社のステータスアップ用のマイル獲得のために必要以上に搭乗実績を増やしたりすることになるのです。

ポイ活やステータス修行などを頑張っても、得られるのはせいぜい万単位のお金であって、100万円以上のお金になるのは相当ハードルが高い、または時間がかかるのではないでしょうか。その時間を直接的にお金がプラスになることに投資する、間接的にお金を増やす自己成長のための学習に充てる、というほうがいい時間の使い方だと思います。

「金、時間、体」という3つの資本をどんなふうに使うことでどういう結果が得られるのか、ということを考えるのがROIです。「その行動は、時給換算するといくらになるのか？」を考えたときに、得られたものに見合っていないようなら直ちに改めたほうがいいでしょう。

富裕層は1兆円持っていても投資をする

もし1兆円という大金を持っている富裕層がいたとして、その人は日々何をして暮らしているのかを想像してください。毎日昼過ぎに起きて街をぶらぶらしたり、趣味を満喫したりして1日を終える？　海外のリゾート地で朝からシャンパンを飲んだりして優雅に過ごす？

僕が出会ってきた富裕層は、たとえ1兆円持っていても迷うことなく投資をしています。これ以上お金が必要ではないのに、です。

彼らの投資は、必ずしもお金を増やすための投資ではありません。社会への還元を目的とした投資やノブレス・オブリージュの発想というほうが近いでしょうか。投資をすることは経済活動で、お金を循環させることでもある。お金が循環する過程でモノが動き、雇用が創出されてヒトが動く。彼らにとっての投資は、そうした循環をうながす行為でもあるのです。

そうでないケースとしては、お金を眠らせたまま、「お金に働かせないことがもったいない」と投資をし続けるものです。前述したとおり、投資をおこなうことによりカラーバス効果でさまざまなものが見えるようになり、それが自身の学習や経験になる。身に沁みついた投資マインドや、生涯学習の姿勢が、投資を継続させてしまうのです。

彼らに対する僕の見方は「投資という行為自体が、その人自身の幸せになっているのだろうな」というものです。誰かのために投資をしているつもりはないだろうけれど、誰かにチャンスを与えるために資本提供する。それによって自分の幸福感が満たされるということなのでしょうか。ハーバード大学の研究でも、「人は他者とつながり、他者に支えを与えることで幸せを感じる」とありますが、他人ではなく自分の幸せのために投資をしている印象です。それが結果として他人を幸せにし、社会を豊かにしているのかもしれません。

富裕層がフェラーリを選ぶ理由

以前、大学生を対象に金融リテラシーの話をする機会がありました。そのとき、「お金持ちになってフェラーリに乗りたい」という学生がいました。シンプルに「金持ちのバッジになるから」「モテたいから」ということのようでしたが、金融リテラシーを身につけて、富裕層の思考を知るなら、もう一歩踏み込んで考える必要があります。

ただフェラーリに乗りたいのであれば、購入せずにリースで十分です。エントリーモデルのフェラーリをリースする場合、残価設定型ローンなどを利用すれば、残価設定によりますが月額の返済額10万円程度で乗ることもできます。これは300万円程度の国産車を、オートローンを組んで買ったとき（金利6％、返済回数30回想定）の毎月の返済額と変わりません。フェラーリを乗っている姿を誰かに見せたいだけなら、わざわざ数千万円も出して買うこともないでしょう。

富裕層がフェラーリを買うときは、こんなふうに考えます。

ひとつは、「フェラーリは生産台数を厳格にコントロールしているので、年月を経ても資産価値が落ちることなく、むしろ上がっていくので買っておいても損はないだろう」と車自体の資産価値に着目するパターンです。

もうひとつは、「フェラーリはオーナーズクラブが魅力的だから買う価値がある。普段、出会えない人たちとつながりを持てるのは、お金で買えないバリューがある」と富裕層ならではのコミュニティそのものを価値と考えるパターンです。

このように、基本的には不動産も車も同じように、そのものの価値を見極めて、「支払うお金は、自身が達成したい目的の本質的な価値に見合っているか?」を考えるのが富裕層のお金の使い方なのです。

富裕層が意外と質素なファッションをしている理由

意外かもしれませんが、富裕層のなかには想像以上に質素なファッションをしている人も多いです。シンプルなシャツとパンツ、スニーカーというい で立ちで現れることもままあります。

物欲の壁というものが存在するとしたら、富裕層の人たちはすでにそこを超えてしまい、物質的な所有の欲に支配されていません。マズローの欲求5段階説にある「1．生理的欲求」→「2．安全の欲求」→「3．社会的欲求」→「4．承認欲求」の段階まで上り詰めると見えてくるのが物欲の壁。先のフェラーリをバッジだと思っていた学生のように、「成功している人に見られたい」「儲かっているることを自慢したい」というようなことが物欲につながっていくこともあります。洋服や時計、鞄や靴にいたるまで高級ブランドで固めている人たちはここで止まっている「小金持ち」の人。その先にある「5．自己実現の欲求」の段階までくると、「他人からどう見られるかよりも、自分が満足できる生き方をしていきたい」となるのでしょうか。ファッションも自然と、ブランドものではなくシンプルなものに辿り着いていくのではないかと思います。

街ですれ違っても「お金持ち」だとわからないくらい質素な人に、本物の富裕層が潜んでいたりするものですね。

「お金持ち＝三ツ星レストランの常連」とは限らない

「富裕層は毎日のように高級店で贅沢な食事をしているのか？」という質問も受けます。これに関しては、「美味しいものが好きな富裕層は多いのは事実。でも、高級であることは美味しいことの必要条件でも十分条件でもないので、いつも一流レストランや有名店で食事をしているということでもない」と思います。

知り合いの富裕層にも、いわゆる「頑固オヤジ」がいるような町中華をネジロにしていて大勢でワイワイ食べに行く日もあれば、三ツ星レストランで豪奢な料理を堪能する日もある、というように、美味しいという価値が大事なのであって、価格やブランドは結果として、と考えている人も少なくありません。

むしろ、富裕層が行かないお店はあります。

たとえば、最近よくある超予約困難店といわれる、高級レストランのごく一部です。そういうお店のビジネスモデルを理解しているからです。

時代は変わり、今は大箱のレストランはトレンドではありません。近年の予約困難高級店の典型例は、10~15席程度のカウンターのみのこじんまりしたお店をつくって、人件費を含め最小のオペレーションで回します。お客さんの予約も、有名店で超短期でも働いたことがある料理人を起用して、それを宣伝文句に、プレオープンなどのプロモーションを打って、当初数か月~1年程度の予約を埋めてしまいます。

席数も少ないため、希少性を打ち出して、アーリーアダプターや、新店をスタンプラリーのように渡り歩く、食レポ族を取り込みます。集客コストを抑えたりドタキャンのリスクヘッジをしたりしているため、はじめて訪れる一般客への認知にはタイムラグがあり、必然的に枠も少なくなります。

だからこそ、仮に予約がとれると「せっかくこんなに待ったのだから」という希少性バイアスがかかり、さほど美味しいとは思えない料理であってもありがたく感じられ、高い会計をしてしまいます。帰り際、「貴重な席が予約できるチャンスだから」と惰性で1年後2年後先の予約をしつつ、予約権を持っていることに対する承認欲求充足のためにレビューでも高得点をつけてしまい、さらに人気が高まる……というスパイラルが超予約困難店のごく一部で起こっている、ということだと思っています。Valueについて検討したことがないけれど、人気株に群がる、新規上場株の抽選に申し込む、ということと似た行動パターンですね。

富裕層はバリュー投資、成長投資をするように、彼らは「人気だから」ではなく、「自分はこれが好きだから」という理由でお店選びをしていることが多い印象です。苦労して予約をとらなくても、長時間並ばなくても、美味しいものは自分で探し、自分で決めています。

「その値段はフェアか?」を考えて買い物をする

僕自身も、ゴールドマン・サックスに入社したばかりの頃は物欲にまみれた生活を送っていました。スーツから靴、鞄や、時計に、もらった給料の大部分を充てていました。まさしく、持たざる者が急にお金を持ったときに走る消費行動をとっていたのだと思います。

生まれつきの王様クラスの人たちは、年齢や経験を重ねても物欲は消えないまま湯水のごとくお金を使うことに抵抗がないようですが、僕のように何もなかったところから欲求レベルを一段ずつ上がっていった人は、ある程度のところで物欲の壁を超えていく傾向が強いのではないでしょうか。

今の僕は主に「生きていくために必要になる最低限のもの」と「人生の満足度に貢献するもの」にしかお金はかけません。

前者は、たとえば、1回充電すると1か月以上は使い続けることができる、ウルトラランナー用のスマートウォッチや、数か月に1回のペースで買い替えることが必要になるランニングシューズといったものです。服もカジュアルで動きやすいシンプルなものばかりで、まったくお金がかからなくなったので、新入社員時代と比べたら、段違いにお金を使わなくなりました。ブランドものに関する価値が自分のなかで相対的に激減したので、価格に見合わなくなった、ともとらえられます。

後者は、自分の幸福度が上がることです。僕の場合、趣味や食事は大切にしていることなので、コンサートやライブのチケットのいい席をとるためには惜しみなくお金を使いますし、さまざまなレースに出るための旅費や道具にもお金を使います。おいしい食事やお酒にお金をかけることも「自分の幸せのためにお金を使えた」と思えますし、そういうところにお金を使っていると、先述したような思いがけない出会いもあります。

このように欲求レベルがシフトしたことにより、消費に関しても、物質的充足中心だったものから、精神的充足に関するものにシフトしています。いわゆる「モノ」消費から「コト」消費という流れと同じですね。

また、これは富裕層の人たちとも共通しているとしていますが、買い物をするときはいつもフェアでいたいと思っています。すべてのモノには適正価格があって、不当に上乗せされた分のお金を搾取されるのは避けたい。競争原理のもとで、自分が納得のいくフェアな金額で買い物をしたい、という気持ちは持っています。ケチりたいとか節約というよりは、「騙されたくない」「不公平な思いをしたくない」という感覚です。

価格のつき方が不透明なものにはお金を払いたくないので、引越しをするときはサイトで比較しますし、車を売るときや、委託行為をする際は複数社から見積りをとるようにしています。投資に関しても、収益力や成長性、キャッシュフローを分析するだけでなく、保有資産のフェアバリューや負債のスケジュールなども見ながら「この企業の株価は、このくらいになるべきだ」という自分なりの理論のもとで運用しているので、相場の上がり下がりに流されることがないのかもしれません。

価格に対するフェアで公正な哲学を持っておくことは、バリューのある買い物や投資をするうえで必須だと思います。

「1年後の100円」より「今日の100円」の価値の高さを知る

「今日もらう100円と1年後にもらう100円、どちらの価値が高いと思いますか?」これは、フェアバリューを考えるときの初歩的な質問です。

答えはもちろん今日の100円です。金融の教科書の1ページ目に出てくる話ですが、簡単に説明します。

たとえば、今日の100円は預金金利1%の銀行に預けるなどの運用によって、1年後に金利を受け取り101円に増やせるからです。これが投資ならなおさら、株式や債券に投資して1年後には100円以上に増やせる可能性があります。

一方、1年後に100円を受け取る場合、この1年間に投資で得られたはずのリターンを機会損失しているということになります。時間があればお金を増やせる可能性や機会があることから、この価値を「タイムバリュー」ともいいます。

投資機会だけでなく、インフレ局面の場合も「1年後の100円」より「今日の100円」のほうがお得です。物価が上昇している場合、今日は100円で買えたものも1年後には100円では買えなくなるからです。

これを「将来価値を現在価値で考える」といいます。投資でいえば、将来のキャッシュフローを現在の価値に割り引くことで、その投資が妥当かどうかを評価する、ということになります。

そのために僕たちが使っているのがディスカウントキャッシュフロー（ＤＣＦ）法という考え方です。企業やプロジェクトの経済的価値を評価するときに使い、リターンやリスクをフェアに測ります。

たとえば、あなたが毎年１００万円の利益を生み出すビジネスをしていたとして、「このセミナーを受講すれば5年間に亙って年10％売り上げを伸ばします」というビジネスセミナーがあったとします。そこでＤＣＦを用いてそのビジネスセミナーの現在価値を計算します。割引率を２％として簡略化すると以下のようになります。

何もしなければ5年間の利益総額は５００万円（①）、セミナーを受講すると年10％の複利により利益総額は約６７２万円（②）。それらを、それぞれ割引率を用いて「現在価値」に引き直すと、セミナーなしでは約４７１万円（③）、ありだと約６３１万円（④）となりますので、その差額を「今日の」セミナーのフェアバリューとするなら６３１万円－４７１万円＝約１５９万円（千円以下は四捨五入）という計算になるわけです。したがって「そのセミナーなら１００万円支払ってでも受けたほうがいい」という投資の意思決定ができるのです。

将来価値を現在価値に換算してフェアバリューを考える

［セミナーなし］

年	利益	割引率	現在価値
1年目	1,000,000	2%	980,392
2年目	1,000,000	2%	961,169
3年目	1,000,000	2%	942,322
4年目	1,000,000	2%	923,845
5年目	1,000,000	2%	905,731
合計	① 5,000,000		③ 4,713,459

［セミナーあり］

年	利益	割引率	現在価値
1年目	1,100,000	2%	1,078,431
2年目	1,210,000	2%	1,163,014
3年目	1,331,000	2%	1,254,231
4年目	1,464,100	2%	1,352,602
5年目	1,610,510	2%	1,458,689
合計	② 6,715,610		④ 6,306,967

セミナーの効果▶ **1,593,508**

これは話を簡略化するために省略していますが、実際は6年目以降もこのセミナーを受講したことによって生じた差が続くため、その永続的な価値も評価する必要があります。興味がある方は「DCF」や「ターミナルバリュー」というキーワードで検索していただければと思います。この概念まで取り入れると、理論上はこのセミナーは「3，000万円以上払ってでも受講する価値がある」となります。


ゴールドマン・サックス時代、同僚たちとランチをしているとこんな会話になったこともあります。

「インドにあるバナナを原料にしたチップスの会社を紹介されたけれど、いくらならありだと思う？」

「どういうビジネス？」

「廃棄されるバナナを材料につくったチップスで、原価はほとんどかかっていないらしいって」

「とすると、インドの人件費がこのくらいで、お菓子製造メーカーのコスト構造は大体こんなもんだから、営業利益がこのくらいで……」

「インドの人口が14億人で普段からチップスを食べる人の割合はこのくらいと考えて、単価がこれくらいだとすると……」

「じゃあ、その会社のフェアバリューはこれくらいだね」

「それなら投資してもいいんじゃない？」

……と、こんなふうに「これ、フェアだと思う？」「皮算用でこんなもんじゃないですか？」などと電卓をたたきながら会話をすることは割とよくあります。

将来価値を現在価値に換算してフェアバリューを算出する、という考え方は投資をするときに必要不可欠です。ただ考え方が大切なだけで、計算は非常に簡単。四則演算以上の算数を用いることはほとんどないので、誰でも慣れればできるようになります。難しい計算式は理解できなくても、その考え方自体を意識しておくことが大切です。

「スタートアップ企業に投資する」というお金の使い方

スタートアップ企業に資金を提供する、いわゆるエンジェル投資をしている富裕層も増えています。

スタートアップでは通常は業歴も浅く利益が出ていないため、銀行などから融資を受けるのが難しいことが多いです。そんなときに資金を提供してくれるエンジェル投資家は、受け入れ企業側にとってもありがたい存在です。個人投資家の場合、数百万〜数千万という資金提供が一般的ではないでしょうか。

エンジェル投資のメリットはたくさんあります。

金銭的なことでいえば、投資先のスタートアップが成功して上場したり、大手企業に買収されたりした場合に投資額の何十倍ものリターンを得ることもあります。

新しいアイデアやテクノロジーに投資をして、その成長を見守ったり支えたりすることはとても刺激的です。雇用の機会創出にもつながる可能性もあり、企業支援を通じた社会貢献も果たせます。

僕自身も、ゴールドマン・サックス時代には仕事を通じてさまざまな投資をしましたが、そのかたわら、個人でエンジェル投資もしていました。働くことで少しずつ手にした自分のお金で若いベンチャー投資家に投資をするという経験です。

この経験からわかったことは、エンジェル投資は単なる資金提供者ではないということです。「今後、どんなふうに経営をしていったらいいと思いますか？」「資金調達をしなければならないけれど、どうしたらいいでしょう？」というような相談を受けることも多く、スタートアップの経営にアドバイスをしているうちに僕自身が会社経営している感覚になっていました。

結局、会社員でありながら15社近くで擬似スタートアップ経営体験をしましたが、自分のビジネス経験や専門知識を活用し、若いスタートアップ企業の成長を支援することは僕自身のよろこびでもありました。

ちなみに、日本にはエンジェル税制という投資家にとって非常にメリットのある制度があります。投資先のスタートアップが税制適格であった場合、投資時点でも大きな税制優遇があるだけでなく、万一その投資が損失を出してしまった場合にも、さらに税制優遇を受けることができます。投資金額のかなり大きな部分を、実質無リスクで投資できていたことから「やらない理由がない投資」として毎年上限額まで利用しています。

富裕層の場合、上記の税制優遇措置を受けることに加え、エンジェル投資を通じてほかの起業家や投資家との人脈を築く機会があるのもメリットだと考えます。もちろん、成功することでリターンがあればうれしいけれど、半分くらいは頑張っている若い人たちにお金を提供したいという気持ちもあると思います。エンジェル投資というお金の使い方もあるということです。

お金のプロも実践する、投資話で騙されないために実践していること

よくいわれていることですが、投資で失敗しないためには、認知バイアスの存在を意識することがとても大切です。

頭では理解しているつもりでも、バイアスによって論理的な思考を阻害されてしまう瞬間はあります。そのときに自分が不利になるような判断をすることは避けなければいけません。

アジアや中東を旅行するとよくある光景ですが、ご当地ものの手づくり感のあるグッズを「1万円でいいから買わない？」と打診され、断ると、相手は「じゃあ3，000円にまけとくよ」と大幅な値引きをオファーしてきます。

「70％引きなら交渉としてはうまくいった」と思ってしまうのが認知バイアスの罠。これは、最初に提示された特定の情報に引っ張られて論理的な思考が妨げら

れる「アンカリング」という認知バイアスの典型例です。本来、それは3，000円の価値すらないかもしれないのに、最初に1万円と提示されたことで脳が騙されてしまうということです。

認知バイアスがかかっていると「行動が制限される」「間違った選択をする」「フェアに考えることができなくなる」と、よくないことづくめです。入門書でいいので認知バイアス関連の書籍などを読んでおくことをおすすめします。

投資で成功している富裕層が注視しているのは、「潮流のなかの違和感」です。先述した「ガチャ」の投資がいい例です。A社の事業の一部に国から規制が入り株価が下落した影響で、同じ業界のB社の株も同等程度下がったと説明しました。その状況を見たときに、「ある選択を支持する人が多いほど、その選択に対する支持がより強くなる」というバンドワゴン効果のせいで、「過剰に売りバイアスがかかっている状況だ」と見破れるかどうか。さらに「B社はA社の競合のようだが、A社ほど規制が入った事業に対する売上シェアが高くないのに、B社がここまで下がるのは、一時的にA社の下落のあおりを食らっただけに違いない。

しばらくしたら、必ず戻って上がるはずだ」と気づけるかどうか。

多くの人たちが同じように流れに乗っているなかで、違和感を見つけ、瞬時に正しい判断と行動ができるかどうか。そのためには認知バイアスの罠にかからないことが必須なのです。


ちなみに、富裕層でも「うまい投資話」に乗せられて、危ない目にあうこともあります。誰かの失敗話や大損した経験談など、これまで山ほど見聞きしているはずの僕たちであっても、です。

「即決していただけるなら、相場の2〜3割安い条件で進めます」「残りは数枠ですのでお急ぎください」といった、よくあるあおり文句に加えてもっともらしい資料を見せられたところ、同席していた相手の会社の人に残り1枠になったことを告げる電話がタイミングよくかかってきて、危うくハンコを押しそうになった……ということも僕自身ありました。そういう意味では、相手もプロだということです。

騙されないために決めていることのひとつに、「知らない人からの投資話には乗らない」というマイルールがあります。もっというと、「知っている人を介した知らない人からの投資話にも乗らない」ということも重要です。

間に入っているのがどういう人であれ、最終的にお金を受け取る人が安心できる人なのかどうかは最低限、見極める必要があると思っています。

Chapter 4

とんでもなく稼ぐ人の「時間の使い方」

The key is in not spending time, but in investing it.
重要なのは時間を使うことではなく、
時間を投資することだ
——Stephen R.Covey

時間の使い方を間違えることはリスクだと知る

この章では、おもに時間の使い方について解説しています。僕の出会った数多くの富裕層がどんなふうに人生の時間を使っているのか、時間の概念をどうとらえているのかを具体的にお伝えしていきます。

時間の使い方について考える前に、時間の大切さについて、考えてみましょう。『Just keep buying 自動的に富が増え続けるお金と時間の法則』(ニック・マジューリ著児島修 翻訳 ダイヤモンド社)という書籍では、ある講演で聴衆に投げかけられた「交換条件」が紹介されています。その交換条件とは、「世界有数の大富豪で偉大な投資家としての名声を得ているウォーレン・バフェットとあなたの人生を今、交換しますか?」という内容。当時の保有純資産約20兆円という巨万の富に加え、名声、地位が手に入ります。ただし87歳(当時の年齢)になってしまうというものです。

これに対し、ほとんどの人は、この交換条件に乗らないという答えでした。20兆円を手にしても87歳にはなりたくない。それほど時間は大切、というわけです。

年をとるリスクは存在します。「挑戦するのに遅すぎることはない」という言葉は正しく、いつでも何度でもチャレンジをする機会は平等です。ですが、人の一生は時間の経過とともに確実に縮まる、有限の資源であることもまた事実です。

1章では、「運用をしないことは、日本円だけに全力投資をしているのと同じことだ」と書きました。同じように、「時間の使い方を考えないこと、早くからチャレンジしないことは、年をとるリスクを全力で受け入れていることだ」といえるでしょう。

「習慣化」は最強の武器と考える

仕事でもプライベートでも、何かひとつのことを「習慣化」できる力を身につけておくと、それは一生の武器になる、と僕は確信しています。

僕自身、習慣化の技術を身につけたことで人生が大きく変わりました。富裕層のみなさんにとっても習慣化は「億を超える人」としてサバイブしていくうえでも通底している考え方です。

もともと日本人は、「目標を立てる」「学ぶ」というアクションは苦手ではないと思っています。ただ、「実行する」だけは別で「お金が貯まったらやろう」「時間に余裕ができたらはじめたい」「予定が空いたら行く」という類の話は、たぶんすべて実行されないはず。その都度クリエイティブな言い訳をつけて実行しないことがほとんどでしょう。

だから、習慣化してとにかく行動に移す。これは投資も仕事もプライベートもすべて同じ理屈です。

有名な「エビングハウスの忘却曲線」を見てもわかるように、僕たち人間はすぐに忘れるという特徴があります。勉強でいえば、習ったことを1時間後にはすでに半分以上の56％、1日たつと74％というかなりの割合で忘れてしまいます。ですが、その都度復習をすれば劇的に改善します。そうやって、忘れる↓復習↓忘れる↓復習を繰り返し、記憶として定着させる。忘却曲線に逆らって、習慣化により定着させられれば、それは獲得されたたしかな技術になります。金融リテラシーを身につけたいと思ってお金の勉強をはじめるときも、習慣化するまでが勝負です。

ポイントは、習慣化するまでには、意思の力をできるだけ使わないように、きちんと仕組み化をすることです。

たとえば、「平日は毎日、21時に15分必ず勉強する」と決めたら、カレンダー

人は覚えたことを1日たつと74%も忘却する

エビングハウスの忘却曲線

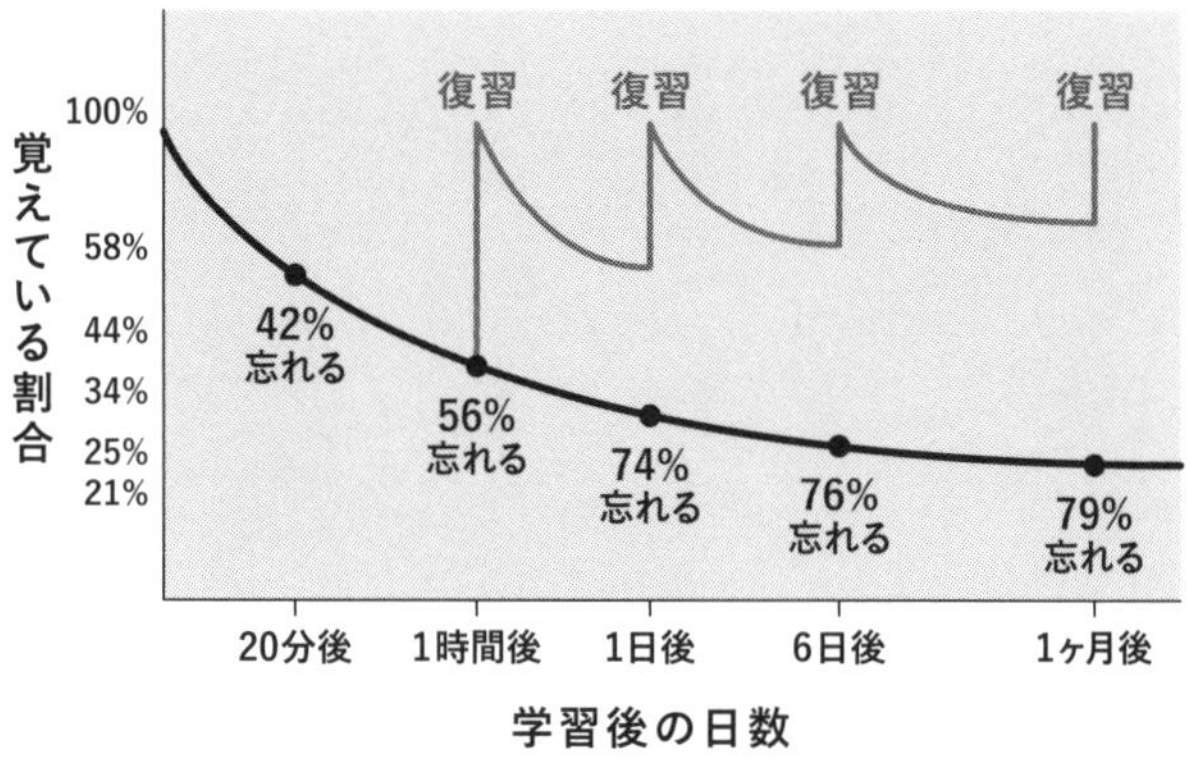

やスケジュール帳に書き込んで予定をブロックします。絶対にブロックした予定は動かさないこと。「仕事が終わった後に」というのもよくないです。仕事が終わる・終わらないはコントロールが難しいので、時間で区切ります。特定のアクションにトリガーとして紐づけてしまうのもおすすめです。「電車に乗ったら、英語アプリ」「家事をするときに、ニュースポッドキャスト」「朝起きてからすぐ、15分間動画を見ながらヨガ」など、毎日の生活のなかで必ずおこなうアクションに絡めて条件反射で行動します。残業や飲み会があっても仕事は中断して、勉強の後再開する、飲み会は早めに帰ることにする、場合によっては15分な

ら中抜けする、として調整をしていきます。

とにかく自分がやると決めたことを優先させて、「それ以外の時間」に仕事や飲み会の予定を入れてしっかりこなしていく、というイメージです。「仕事」が後にくる。くどいようですが、念押ししておきます。

ちなみに僕は友人からは「異常なまでにルーティンにこだわるやつ」と思われています。その理由のひとつは、僕が365日毎朝3時45分に起床して、「25km走る」「60km自転車に乗る」「7000m泳ぐ」というメニューのうち、どれかを毎日必ずこなしているからかもしれません。

今はどれもまったく苦痛ではないのですが、習慣化する前は「睡眠不足だから」「雨が降っているから」「二日酔いだから」などと言い訳を考え出しては、何とか意思の力でベッドから這い出ていました。

それ以外にも「毎日、語学学習のアプリを20分やる」という習慣もあるのですが、決めたルールどおりにやることを徹底するため、40時間走りっぱなしのレースの最中にも、走りながらブツブツ英語を呟いてやっていました。

では、そんな僕がどうやって早朝のルーティンを仕組み化、習慣化させていったのか。僕の場合、「何も考えずに行動に移せるよう、言い訳をつくれない環境を前もって整えておく」ということをしました。

具体的には、翌朝起きてすぐに外に出られるよう、毎日寝る前にウェアとソックス、シューズ、飲んでおくべきサプリなどをお皿にまとめておく、ということにいたるまで用意しておきます。「今日はどのTシャツを着ようかな、どのソックスとシューズを履こうかな」ということすら考える隙を脳に与えません。目がさめたらただそこにあるものを身につけて、飲むべきものを飲んで、緊急対応が必要でないならメールのチェックだけして躊躇なく外に出る、ということを毎朝続けています。起きてから10分以内には運動がはじまっています。

「行動できない理由がない」という状況をつくっておく、ということになるでしょうか。

同じことを、米海軍特殊部隊ネイビーシールズの元司令官でベストセラー作家のジョッコ・ウィリンクも述べています。意訳すると「ベッドに入る前に、明日の朝のワークアウト用のウェアを用意しておこう」「朝は何も考えるな。考えずに計画を遂行せよ。アラームが鳴ったら起きる。運動する。それを実行するだけだ」「明日まで待っていてはダメだ。昨日できなかったことを考える必要もない。代わりに今日、規律を取り入れよう。今日を活かそう。今日、改善しよう。今日だ。毎日だ。これを何週間、何か月、何年と続けられれば、規律ある生活を送るのに、抱負など必要ない。すでにそこにいるのだから」。

運動を習慣化するときの最大のハードルは、運動を予定に組み込むために余計な努力をしてしまうこと。そこでエネルギーを消費したり、判断ミスをしたりしないためにも、考えずに行動に移せる仕組み化をします。

2章で、夢見がちな人が飛びついて失敗するケースとして「投資」「語学学習」「ダイエット」の3つを挙げましたが、いずれもやる内容の難易度の問題ではなく、「やらない」「続かない」という基本的なところが原因です。

「やってみようかな」と思っても、「そうはいっても具体的にはどうやるの？」

という計画を立てる段階でイメージ8割くらいの人が挫折します。残りの2割の人のうち、「毎朝15分早く起きてやろう」と実行してみても、毎日の継続が1年以上続くのは20％くらいでしょうか。2割の20％といったら、全体の4％です。アメリカの研究では、「フィットネスジム利用者の継続率は、1年後にはわずか4％未満に減少する」という報告がありますので、感覚にも合っていると思います。

つまり、何かをはじめようとして、それが習慣化するまできちんと続けていくことができる人はたった4％しかいない、ということ。「投資」「語学学習」「ダイエット」をモノにできるのは、習慣化に成功したたった4％の人だけだということです。

何かをはじめる際に「できる・できない」で考えるのではなく「やる・やらない」で考えましょう。誰でも「できる」ことを選んだうえで、「やる」は自分の意思によって100％コントロールできます。

習慣化においてもう一つ大切なのが、毎日の達成を記録することと、コミュニティに属することです。

記録をすることによる「毎日頑張った自分を認めてあげる」「思ったとおりにできなかったときに反省の気持ちが生じる」という2つの効果は絶大です。かつて、レコーディングダイエットが流行したように、記録するだけで意識的にも無意識的にも行動パターンが大きく変わります。

さらに、その記録を共有して「いいね」をもらったり、コミュニティの仲間の努力を見て、自分も努力する気持ちになったりすることにも大きな効果があります。人の承認欲求のシステムをうまく使います。語学やダイエットのアプリでトップシェアを獲得しているものは、例外なく記録とコミュニティのつくり方が優れていて、モチベーション喚起の機能やインセンティブの与え方に工夫が凝らされています。

じつは、話を聞いてみると、富裕層たちもその人なりのルーティンを持っていることが多く、そのルーティンを続ける時間を意識的につくっているように思います。習慣化は、外部要因に邪魔されることなく自分の道を歩んでいくために必要なマインドといえそうです。

今すぐ24時間の使い方を「見える化」する

仕事やそのほかのことに追われる毎日を送っている人は少なくありません。「もっと自分の時間がほしい」と思うなら、なぜ今時間がないかを考えないことにはわかりません。立ち止まってまずは今自分がどんなふうに時間を使っているのか、24時間の使い方を棚卸し「見える化」しましょう。

具体的には、毎日24時間の時間の使い方を1週間分すべて書き出してみます。次に、「削れない時間」と「削れる時間」に分類し、毎日24時間を見渡せるようにします。睡眠は絶対に「削れない時間」としましょう。他の時間や健康に悪影響を及ぼすため。仕事は自動化や時短術的なものを身につけて削ることも検討すべきものの、ひとまず「削れない時間」カテゴリーで、削れる時間とはSNSを眺めたりゲームをしたりすることになるでしょうか。

すると、「本当はやりたいのに時間がとれなくてやっていないこと」も明確になります。そうなったら、削れる時間を削ってそこに「本当はやりたいのに時間がとれなくてやっていないこと」を置き換えていきます。

このとき意識すべきは2つです。本章冒頭でも触れていますが、ひとつは「削れない時間」に「ながら」でできないか考えること。削れない家事をしながら、英会話のポッドキャストを聴けないか、ランニングをしながら1日のニュースをラジオで聴けないか、といったやり方です。

もうひとつは「削れる時間」を迎えてしまった際、トリガーとして反射的に置き換える方法です。「今、漫画アプリを開こうとしちゃったから、ビジネス書を電子書籍で読もう」「愚痴ばかりの飲みの誘いに惰性で参加の返信をしてしまいそうになったので、断ってジムに行こう」、といった感じです。後者については、マイナスがゼロになるだけでなく、ゼロからプラスになる2倍おいしい感覚になり、頑張った分だけ他者よりも大きな差がついた、得した、と思えることから、それをやり遂げたときの自己肯定感、満足感が強く、癖になります。

僕が自分の24時間を見える化したのはゴールドマン・サックス時代でした。同社は激務で有名で、僕も入社してから数年間は月曜日にシャツと靴下、下着を5セット持参して出社し、金曜日にまとめて持って帰って洗濯。月曜日から金曜日まで夜はデスクの下に敷いた寝袋にくるまって朝を迎える生活をしていました。週末や祝日も出勤するのが当たり前という時代の話です。

仕事以外は寝るだけの毎日のなか、どうやって自分の時間をひねり出すかが課題でした。そこで1週間、どこに削れる時間があるのかを検証してみようと24時間を見える化しました。

「ながら」としては、クライアントの訪問に行く移動中は必ず英語の勉強をする、としました。そのためにわざと現地集合として同僚と別々に行くこともありました。「反射」としては、惰性で仕事終わりに一杯飲みに行っていたのをやめて、その分早く起きて朝ジムに行くなどです。それ以外にも、「集中してプレゼン資料をつくる際は携帯の電源を切る」というものも。これは、SNSや思わぬメールなどに邪魔されて作業効率が落ちないようにするためです。

「細切れのミーティングの予定はなるべく特定の日に寄せて、作業だけの日と分ける」といったこともしていました。これは意外と効果があります。チームの共有カレンダーを見て、僕の予定が広く空いていると、どんどん飛び飛びに予定を入れられてしまいます。細切れのミーティングのたびに作業を中断すると効率が非常に悪いもの。そこで、僕の共有カレンダーには、「作業ブロック」という、半日ブロックをときどき入れていました。これを見たチームメンバーは、「そこには予定を入れてはいけないんだな」と配慮してくれていました。

徹底的にマイルールをつくると、やりたいことの時間が捻出できます。毎日が行き当たりばったりでなく、予定どおりにことが運ぶようになり、精神的に楽にもなります。体重も入社して1年間で15kg程度増えてしまったものが、習慣化により2か月で元に戻りました。

毎日忙しいけれど、自分のための時間を捻出したいという人は、今の時間の使い方を棚卸してみるところからはじめてみてください。どんなに忙しくても削れる時間が見つかります。僕も投資の勉強、語学学習、ダイエット、いずれも習慣化によって効果を実証できています。

「緊急性が低くて重要性が高いこと」に時間をかける

富裕層は、自分のために使う時間のコントロールも上手です。「戦略的な時間の使い方」を正しく理解して、着実に実践しているからです。「戦略」を時間を含めた有限の資源の分配法と定義するなら、数あるToDoのなかから適切な時間配分をするための優先順位付けをしなければなりません。

緊急性と重要性のマトリックスで整理する方法はよく使われますが、富裕層の思考でToDoを分類すると、こんなふうになります。

まず、「緊急性（低）×重要性（低）」（浪費・過剰の領域）は論外。やらなくていいことです。逆に、クライアントからのクレーム対応や締め切りが迫っている仕事など「緊急性（高）×重要性（高）」（必須の領域）は、直ちにとりかかる必

「緊急だが重要ではない」はやらなくていい

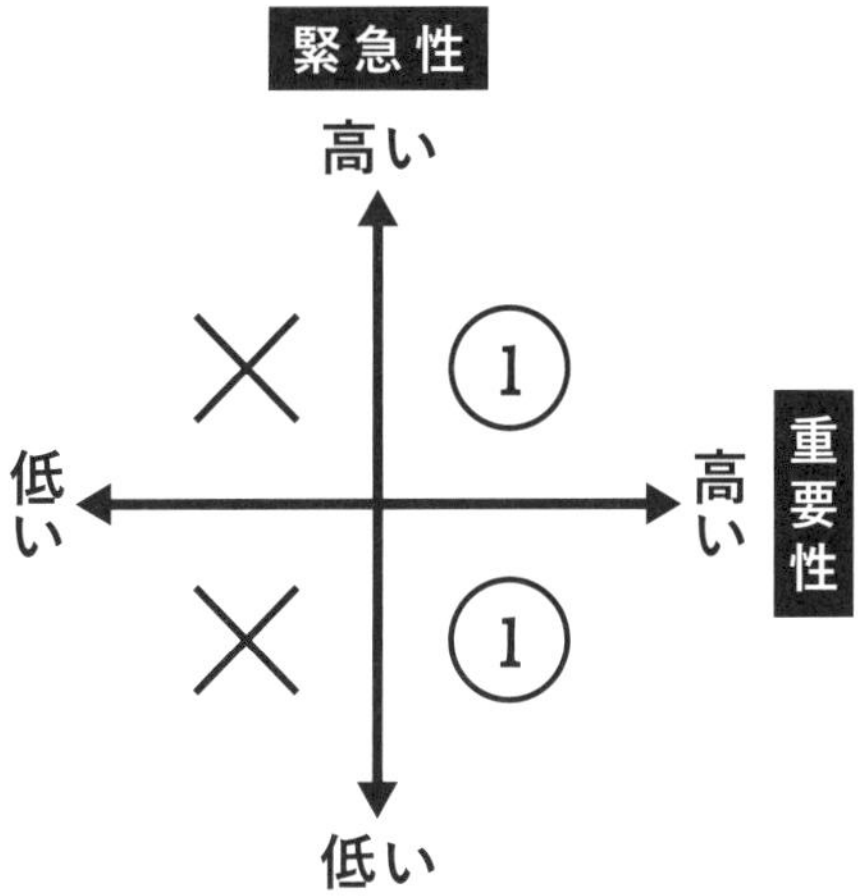

要があるので後回しにはしません。

「緊急性（高）×重要性（低）」（錯覚の領域）がポイントで、急な飲みの誘いや、たいして内容のない同僚からのSNSやチャットアプリの通知への対応など、一見対応に瞬発力が求められるかのように思えるため、錯覚の領域とも呼ばれます。短期的に期限があったりしますし、マインドシェアをとられがちなのですが、この優先順位を下げて時間を削ることがいちばん効果が大きいです。この時間を次の「緊急性（低）×重要性（高）」に振り向けることが非常に大切です。

そして、「緊急性（高）×重要性（高）」と同じくらい、もしくはそれ以上に優先する必要があるのは、「緊急性（低）×重要性（高）」（効果性の領域）のタスクです。金融リテラシーを身につける勉強や語学学習、起業に向けた準備、人生を豊かにするためのコツコツした努力の積み重ね、といった中長期的なものです。仕事の枠を超え、人生のなかで重要性の高いことを見極め、計画を立てて着実に遂行していくことこそ自身の成長や自己実現のためには大事なことです。ここをきちんとコントロールできるようになると、自分自身の成長によりパフォーマンスが向上し、結果として、「緊急性（高）×重要性（高）」の処理が速くなり、さらに時間が捻出できる、などの副次効果もあります。

Reticular Activating System（脳幹網様体賦活系）という脳機能があります。世の中には五感に訴えかける情報の量が凄まじく、それをすべて受け止めていたら、あっという間に脳がキャパシティオーバーしてしまうため、それを制御するためのフィルターのようなシステムです。

このシステムは、自分の興味や関心のある情報だけを無意識に取捨選択し、インプットする能力、ともいえます。

無意識にフィルターで落とされてしまう事柄に対して、このシステムを有効化させるためには、第三者である他人から意識にあげてもらうことと、自分自身がそのことを重要だと脳に刷り込ませること、の2つがあります。だからこそ自分にとっての、緊急性（低）×重要度（高）にあたるものが何なのか、しっかり整理をしたうえで、自分の意識に入るようにしておく必要があります。また、他者の力を借りるために、共通の目的を持つもの同士でつながったり、SNSアプリのコミュニティ機能を利用したりして、お互いに影響を及ぼし合うことが大切なのです。

「緊急性（低）×重要性（高）」にどれだけ時間を割けるかによって、人生の豊かさが変わってくると思います。

「時間がない」をやめられるコツ

「時間がない」をやめるコツとして、効果を実感しやすいのは次の2つです。

ひとつは、「引越し」です。出社が必要な会社員なら会社の近くに引越してはいかがでしょう。「家賃が高くなる」「生活費の負担が増える」と思うかもしれませんが、お金で買えない時間を確保する方法としては効果が大きく、重要ではないでしょうか。

通勤に片道1時間かかる場合、その時間を有意義に使うことができればそれもいいかもしれません。2時間×週5日×年間52週間=520時間という莫大な時間を捻出できるからです。ただ電車のダイヤや天候に左右されマインドシェアをとられたり、乗り換えなどの手間暇を考えたりすると、意外と有効に使えていないものです。

もしその年間520時間の通勤時間を漫然とネットサーフィンをしていたりマ

ンガを読んだりゲームをしていたりするだけなら、引越しすることで自分の時間をつくり出すことができるはずです。2年で1，000時間以上の時間になるので、それなりの難易度の資格試験をとるにも、新しい分野の勉強や技術習得をするにも十分な時間です。1，000時間の学習の意味については後述します。月額10万円家賃がアップして年間120万円の家計負担になったとしても、その時間を学習に充てると決めて実行できれば、年収を120万円以上アップさせることはそんなに難しいことだとは思いません。

もうひとつは、「どこまで付き合いに乗るかを線引きする」ということです。

僕自身は「飲みに行っても一次会で帰る」と決めていますが、このルールを自分のなかで決める前は、誘われれば何次会まででも参加していました。最後まで残るのがマナーであり、美徳だとすら思っていました。

20代はそれもありだったかもしれません。どんなときでも必ず付き合うことで得られる信頼、人脈があることも否定はしません。ですが、飲みに行くたびに壊れたレコードのように、結局いつものメンバーでいつも同じ話をするだけのルーティン飲みは、それが一時的に楽しかった、という感情以外に有意義だったと感じられなければ時間とお金と体力を無駄に使っているだけのイベントです。

そこで、一次会で帰るようにしたところ、そのことで責められることもなければ、失うものも何ひとつありませんでした。

そもそも僕の場合、どんなに遅くまで飲んでいたとしても朝は3：45に起床すると決めているので、一次会だけで帰宅するほうが翌朝も体が楽、ということもあります。

とにかく今まで二次会以降の付き合いに費やしてきた時間をすべて自分のために使えることになったのは、大きな収穫でした。「時間がない」をやめるなら、何かひとつ時間を捻出するための決めごとをつくるのもいいかもしれません。

「タクシー＝もったいない」という稼げない人の思考を捨てる

自分の時間をつくり出すためにタクシーに乗るのは、僕は賛成です。

会社員時代、さまざまな移動にタクシーを使っていました。もちろん上司に同行する必要がある場合は別ですが、それ以外では「現地集合で」といいながらひとりで乗ることも多かったです。

で、タクシーに乗って何をしていたかというと、英語の勉強でした。タクシーのドアが閉まった瞬間からきっちり30分間、英語の先生とオンライン英会話をするのです。誰にも邪魔されずに集中して勉強できる、とても有意義な時間でした。

移動時間を勉強に使えることがわかると、タクシーに乗る罪悪感は薄れていきます。運転手さんからの「このお客さん、ちょっと変だな」という視線も気にならなくなります。

この章の冒頭でも述べたとおり、習慣化は武器であり戦力。僕にとってはタクシーに乗ることで時間をつくって継続的に勉強する習慣が、大きな戦力増強になりました。

タクシー移動をする富裕層も同じ発想の場合が多い印象です。「楽だから」だけではなく、仕事につながることをする時間、お金を生むことにつながる時間、という認識を持ってタクシーに乗っていると思います。運転手さんもいるので会話の内容には気をつけていますが、それを除けば、ただの静かに集中できる空間。普段大人数のいるフロアではしづらい大事な話なんかも移動中にしている人も多い印象です。

もちろん、タクシーに乗っている時間が自己成長や自己投資に充てられなければ、ただの怠惰でしかありません。「タクシーに乗っている時間は暇だから携帯ゲームをしよう」では現状維持どころか、足を使って歩かない分だけ健康面ではマイナスです。

あらかじめ時間の使い方を決めてからタクシーに乗る。これがポイントです。

富裕層は朝4時から走っている

もし日中や夜にどうしても自分の時間がとれないということであれば、朝の時間を活用する方法もあります。とくに、朝は朝でも4時とか5時とか早朝の時間が狙い目です。人によっては3次会、4次会と前の日を生きているなか、すでに次の日の人として人生のプラスになる活動を先取りできていることに対する気持ちのよさや、心の余裕が段違いです。

「そんなキツいことは無理だな。朝は5分でも長く寝ていたい」と、はじめは思うかもしれません。僕もそう思っていました。前述したとおり、会社に寝泊まりをしていたときは、寝落ちするギリギリまで仕事をして、目が覚めた瞬間からすぐにまた仕事モードにスイッチ。仕事と仕事以外の切れ目を見つけるのがなかなか難しく、脳が休まる時間すらなかったように思います。

ただ、仕事と睡眠の間に運動、という時間を挟んだことにより、体はすっきりし、脳がリフレッシュされ、思考もポジティブになることが実感でき、「余計な運動で疲れるだろう」という予想に反して、心身ともに健康になりました。

自分の時間を見つけるために24時間の時間の使い方を見直したところ、「早朝に時間をつくるしかない」と思いはじめてから、毎朝3：45に起きて走っています。朝7時の起床時間だったのを6時に、6時から5時へ、5時から4時へ……と前倒ししているうちに、今の3：45という時間が僕にとってのベスト起床時間として収まりました。自分のための時間であることはもちろん、職場にも家族にも迷惑をかけない時間帯です。

さらにこの習慣のいいところは、朝の運動が終わった時点で、その日の1日の仕事の段取りや方向性がすべて決まっているということです。

具体的には、起きて家を出る前に、その日の会議の予定を把握し、前日のメールを斜め読みでざっと目を通す。そこでは深く考えずそのまま走り出す。すると、走っている間、脳が勝手にメールの返信やプレゼンテーションの構成、会議の段取り、意思決定のためのロジックなどをどんどん考えはじめてくれます。音楽やラジオを聴きながら走っているのに、です。この脳のオートパイロット機能にまかせておくと、走り終わった頃には、その日1日にすべき仕事の段取りがすべて終わっています。後はそれを午前中にアウトプットするだけ、という状態です。結果として、早朝習慣が定着するまでの「長く寝ているのに、起きてからアウトプットに辿り着くまでの思考時間」が削れるので、早く帰れるようになり、睡眠不足にもなりませんでした。

「朝がいちばんいい」というのが間違いないなと確信したのは、出張先の香港のホテルに宿泊したときのことでした。そこでは世界中のいわゆる「偉い人」が集まる会議があったんです。

僕はいつものとおり、3：45に起きてホテル内のジムで走ってところ、部門のグローバルヘッドがジムにやってきたと思ったら、僕の隣のランニングマシンで走りはじめました。それからジムのドアが開くたびに、まだ早朝なのに偉い人が続々と入ってきて自分たちのトレーニングをスタート。世界のトップレベルの富裕層たちが三々五々集合して早朝からトレーニングをしているという光景でした。

そこには「朝がいちばんいい」という彼らの共通した意見があり、みなそれぞれのルーティンを持っていたことを知りました。

富裕層たちは早起きの人が圧倒的に多いです。

早朝からトレーニングをした後は、仕事のメールをバンバン返し、意思決定すべきことはそこから午前中までにすべて片づける。午後は人に会ったり、報告を受けたりというインプットの時間。夕方になって、午前中に指示していたことがどうなっているかを聞いて、必要な意思決定をする。必要であればさらに指示を出して早めに帰宅する。後は自分の自由な時間に充てる。と、そんなふうに1日を有意義に過ごす人も多いです。

早起きも習慣化してしまえば、とくに痛痒を感じることもなくなります。朝の時間がどれだけ私たちにプラスの効果をもたらすかについては、すでにあちこちでいわれているとおり。本書を読んだことをきっかけに、まずは一度、早起きを試してみることをおすすめします。

意思決定を誤らないために1日のリズムは変えない

多くの富裕層がそうであるように、僕も1日のリズムを変えることはありません。やるべきルーティンや仕事を同じペースで同じようにこなします。起床と就寝の時間は、週末や休暇中の旅先でも変えません。

たとえばよくある平日のタイムスケジュールはこんな感じです。

【1日のタイムスケジュール】
・03：45 起床、メールチェックおよび緊急性の高い仕事への対応など
・04：00 運動（ランニング、自転車、水泳など）
・06：00 家族との時間、ニュースチェック
・08：00 運動（目標を持った練習）
・09：00 出社。メール返信、その日の仕事の段取り、社内外の会議

・11：30　昼食をとりながら知識のインプット（ニュースサイト、購読note、チャンネル登録済の動画など）
・13：00　移動（タクシー車内で語学学習）
・13：30　社内外の会議、チームメンバーの資料のレビューなど
・18：00　会食or家族との時間
・21：30　就寝（海外との電話会議のときは23：00に就寝）

繰り返しになりますが、習慣化は最大の武器。１日のリズムすら変えることをしたくない理由は、日々の決断の数を減らし、重要な決断をするときに最大限のエネルギーを発揮したいからにほかなりません。

人が1日にできる「決断の回数」は決まっています。ケンブリッジ大学の研究によれば人は1日に3万5，０００回決断をしているそうです。そのため、有名なエピソードですが、元アップル最高経営責任者のスティーブ・ジョブズはいつもイッセイミヤケの黒いタートルにジーンズというスタイルでした。その理由も

やはり、服を選ぶための判断力と時間を仕事に使いたい、というものだったといいます。

選択肢が多いと人はエネルギーを消耗し、意思決定能力にも影響を与えるといいます。朝起きてから、着る服のコーディネートを考えたり、ランチのお店を考えるのは楽しみであればいいのですが、1日の段取りがわかっていなくて、毎日乗る電車の時刻表を確認しながら駅に急いで電車に乗ったり、あるいは乗れずに、次善の策を考えたり…と受け身で行き当たりばったりの行動をしていると、それらの分、その日に使える意思決定のためのエネルギーは減っていくことになります。

毎日のリズムを変え、ダラダラしながら過ごすほうが一見楽に見えますが、現実はその真逆。1日のリズムを崩さず、決められたペースで過ごしてみると、驚くほどストレスが軽くて済みます。

「40代でリタイア」のFireはリスクが高い

1980～2000年代に生まれたミレニアル世代やZ世代を中心に、世界的にムーブメントが広がっているといわれるFIRE（Financial Independence, Retire Early）。資産運用をして生活費を確保できる仕組みをつくりつつ、40歳くらいで仕事をリタイアすることを目指すFIREは、「自分の時間を大切にしたい」「これまでの労働観には疑問しかない」「経済的に不安定な社会に不満を持っている」といった意識を持った人たちから、理想的なライフスタイルとして憧れられているようです。

副業を続けて社会とつながりが維持できているのであれば、それはいいと思います。もちろん、FIREを目指す過程できちんと金融リテラシーを高めようと努力することや、労働の切売りから解放され時間の自由を手に入れる、運用による経済的自立を目指す、という意味では僕も大いに賛成です。

ただ、FIREを目指すときの課題は、いくつか考えられます。たとえば、アーリーリタイア後のリスクに対応できるような継続的な運用が可能かどうか、という点。年齢を重ねると医療費や介護費用など、予想外の支出が生じることもあるでしょう。それらも計算に入れているのでしょうが、このときに、持っている資産を切り崩していくという考え方をしているのは危険だと思います。投資をしていても、物価が安いという理由で海外移住するパターンなら、その国が経済的に発展していく際のインフレや通貨の安定性、予期しない市場の変動にも耐えなくてはいけません。安定的な運用ができるかどうか、慎重に見極める必要があります。

また予期せぬ支出で、元本を削られてしまうと、複利の効果が逆に働いてしまいます。これがいちばん怖いです。

単純なシミュレーションですが、頑張って4,000万円を貯めて、5%で運用する、生活費は運用益の範囲で収まる年間180万で暮らせる国にしよう、というFIREの記事によく出てくるようなモデルケースを例にとります。これが継続できればパターン1のように、元本も減らさず10年後も安心、そんな数字も見えてきます。

これがインフレが3%になってしまい、かつ急な入用で5年目に500万円を使うとなってしまうと、実質利率が低く複利がきかなくなり、元本の目減りのダブルパンチで、10年後には元本が2割も減ってしまっています（パターン2）。また急な支出により、利回りで稼ぐ力より、インフレをともなった生活費が上回り、どんどん元本は目減りしてしまいます。収入もなく、元本は目減りし、「自分の経済規模が縮小してしまう」ことが問題です。仮に慌てて収入を得ようと思っても、そこは収入の絶対額が小さい国。簡単には増えません。そのうえ複利の力がきかないため、一度小さくなってしまった経済規模を元に戻すのは相当難しいということになってしまいます。

ほかにも、社会復帰の難しさも視野に入れたほうがいいでしょう。仮に40代でFIREという選択をするとして、そこでピタッと仕事を辞めてしまったとします。10年後に「わたくしアーリーリタイアしまして10年間のブランクがあるので

[パターン1]
貯金4,000万円で5%運用、年間180万円で生活するときのシミュレーション

- 条件1 元本は4,000万円
- 条件2 毎年5%の運用収入が得られる
- 条件3 生活費は年180万円

年	運用収入	生活費	元本
0年目			40,000,000
1年目	2,000,000	-1,800,000	40,200,000
2年目	2,010,000	-1,800,000	40,410,000
3年目	2,020,500	-1,800,000	40,630,500
4年目	2,031,525	-1,800,000	40,862,025
5年目	2,043,101	-1,800,000	41,105,126
6年目	2,055,256	-1,800,000	41,360,383
7年目	2,068,019	-1,800,000	41,628,402
8年目	2,081,420	-1,800,000	41,909,822
9年目	2,095,491	-1,800,000	42,205,313
10年目	2,110,266	-1,800,000	42,515,579

［パターン2］

パターン1に加え、毎年3%のインフレがあり、
5年目に500万円の突発的な支出があるときのシミュレーション

- 条件1　元本は4,000万円
- 条件2　毎年5%の運用収入が得られる
- 条件3　毎年3%のインフレ
- 条件4　生活費は年180万円
- 条件5　5年目に500万円の支出がある

年	運用収入	生活費	特別支出	元本
0年目				40,000,000
1年目	2,000,000	-1,854,000		40,146,000
2年目	2,007,300	-1,909,620		40,243,680
3年目	2,012,184	-1,966,909		40,288,955
4年目	2,014,448	-2,025,916		40,277,487
5年目	2,013,874	-2,086,693	-5,000,000	35,204,668
6年目	1,760,233	-2,149,294		34,815,608
7年目	1,740,780	-2,213,773		34,342,615
8年目	1,717,131	-2,280,186		33,779,560
9年目	1,688,978	-2,348,592		33,119,946
10年目	1,655,997	-2,419,049		32,356,894

［パターン3］

パターン2に加え、年間収入が100万円ある場合のシミュレーション

- 条件1　元本は4,000万円
- 条件2　毎年5%の運用収入が得られる
- 条件3　毎年3%のインフレ
- 条件4　生活費は年180万円
- 条件5　5年目に500万円の支出がある
- 条件6　毎年100万（インフレ耐性あり）の副収入がある

年	運用収入	生活費	特別支出	副収入	元本
0年目					40,000,000
1年目	2,000,000	-1,854,000		1,030,000	41,176,000
2年目	2,058,800	-1,909,620		1,060,900	42,386,080
3年目	2,119,304	-1,966,909		1,092,727	43,631,202
4年目	2,181,560	-2,025,916		1,125,509	44,912,355
5年目	2,245,618	-2,086,693	-5,000,000	1,159,274	41,230,554
6年目	2,061,528	-2,149,294		1,194,052	42,336,840
7年目	2,116842,	-2,213,773		1,229,874	43,469,783
8年目	2,173,489	-2,280,186		1,266,770	44,629,856
9年目	2,231,493	-2,348,592		1,304,773	45,817,530
10年目	2,290,877	-2,419,049		1,343,916	47,033,273

すが、雇ってもらえませんか？」と活動したところで、そういう方を積極的に採用しようという先は極めて少ないでしょう。

多くの人は20代から社会に出て働きはじめますが、20代はノリや勢い、体力と反射神経をレバレッジに乗り切れます。30代は信頼関係や人脈を構築し、スキルや実績値を積み重ねていく時期。そして40代は、その人脈や信頼関係、スキルや経験といった、これまで構築してきたすべてのリソースをようやくアウトプットできる時期。ここでキャリア断絶させるのは、社会復帰の難しさに直面するリスクと、大きな機会損失のリスクをとることでもあるのです。

それでもFIREに近いことを達成したいのであれば、きちんと社会とつながるという意味も含め、少しでいいので収入源となるものを持って完全リタイアをしない、というのがいいと思います。ただ、これも「FIRE完全マニュアル」のような本や動画だとその枠組みから出ておらず、多くのFIRE族がみんなやることなので、テンプレート化されて飽和してしまうリスクがあります。好きなことで、時間をコントロールできる仕事を考えるようにするといいのではないでしょうか。

パターン3は、パターン2のシミュレーションに年間100万円の収入が加わったケースです。これであれば、突発的な支出があっても元本を減らすことなく10年目を迎えることができています。

結局のところ「不労所得を得て、楽して暮らしたい」という夢を、少しゆがんだ形で達成させようとしたのがFIREなのかな、と思います。

もちろん、1章でもお伝えしたように不労所得自体は悪いことではありません。株や不動産などで金融資産を安定的に増やしていきつつ、働くことに関してはペースをコントロールし、自己実現に向かう余裕を持つ。これが、FIREがもたらす本質的な「余裕のある生活」ではないでしょうか。

自分にとっての「幸せとは？」「豊かさとは？」の答えを出す

当時はＦＩＲＥという言葉はありませんでしたが、僕も社会人になったときには、「今からしばらく死ぬほど働いて荒稼ぎをしたら、40代でリタイアしてワイナリー経営でもしよう」というＦＩＲＥ的なライフスタイルに憧れていました。

ところが、40代に近づいてくるとそのような気持ちはなくなっていました。ワイナリーは、仕事をしながらでも持てるので、みずから専業で経営に携わらなくてもいい。そもそも適当な20代の、適当な気持ちだったので「ワイナリーじゃなくてもいいや」となる。「それなら、自分にとっての幸せとか豊かさとは何だろう？」と考え、アーリーリタイアをとどまるきっかけにもなりました。

「幸せとは」「豊かさとは」と考えるのは、僕たち人間の永遠のテーマ。ＦＩＲＥを目指すときの本質的な目的にも関わってくる話だと思っています。

これは、ベンチャー経営者系出身の富裕層にも共通していえるのですが、若いうちにビジネスが大当たりしてリタイアしてしまうと、社会とのつながりが減少します。孤独感やアイデンティティの喪失を感じる人が多くいます。それまでみずからの労働や、経営者として世の中に価値を生み出すことで社会とつながっていたところ、リタイアによってその社会的役割が失われたと感じます。頑張って社会性を築いてきた人ほど、一切の仕事を辞めると精神的に脆くなるというのはよく聞く話です。

いずれにしても、社会の連続性からは隔絶されないほうがいい、と今の僕は思います。社会というのは積極的な参加があるから、その価値を互いに認め合い、人がついてくるものだとも思います。何もせずお金だけを持ち、消費だけをする人には、人はついてこないし、長期的な人間関係を構築しにくいでしょう。

社会への積極参加は「時間と体を切り売りする行為」である必要はなく、社会還元も含め「コミュニティの一員として貢献する行為」を続けていく。そのほうが、ずっと幸せで豊かな人生を歩めるような気がしています。

エピローグにも書いたとおり、僕はわざわざ自分のプロフィールを晒してまで本を出版することには抵抗がありました。ただ、お金を稼いで消費をするだけでなく、何かを伝えようとすることに意義があると思うようになりました。そして、いつか投資業界を卒業した際の次のステージに向け、あえて行動を起こしました。まさに社会とつながることを大切にし、新しいコミュニティに属したいという思いからきた決断です。

「学習する＝ビジネスセミナーに通う」ではなくていい

「学習することをやめない」というのも、富裕層の時間の使い方の共通点です。富裕層で勉強をしていない人は見たことがありません。金融界のことはもちろん、日々の社会の変化や潮流に敏感で、世界にもつねにアンテナを張っています。

異なる文化、領域、学問が融合することで、画期的なアイデアを生み出したり、優れた生産性をもたらしたりする現象のことを、14〜17世紀、貿易と金融業によって富を積み莫大な影響力を持つようになったメディチ家の取り組みから「メディチ・エフェクト」といいます。富裕層が集まると、その多様なビジネスや投資のアイデア、新しい事業プランなどが重なり合い、次々とものすごいスピード感をもって湧き出てきます。何の事前のアジェンダもない食事会だったはずなのに、その場で新しいジョイントベンチャーの話や、業務提携が決まる、数十億、数百億レベルの大型の出資の話が決まる、大物同士の紹介で、上場企業の社外取締役に入ることが決まる……といった場面は何度も見ました。運よく参加できた僕も、驚くべき会話のテンポ、ダイナミックなアイデア、意思決定の速さにいつも強烈なアドレナリンが出ます。

そういう場に呼ばれている富裕層は、お互いに刺激ある会話ができ、学びのある時間を共有できることが大切。知的好奇心が強いというのもありますが、有意義な議論ができるようになるためにも、学習を続けているのは大事なこと。それが成功している投資家だという印象です。

富裕層を見習って早速学習をはじめようと思ったとき、「どこからはじめたらいいの?」という壁にぶつかってしまうのではないでしょうか。僕はいつもその質問に対し、「金融リテラシーを学ぶためにセミナーは必要ない」と答えています。

実際、多くの富裕層はセミナーには行きません。興味のあることは、まずは自分で広く浅く調べ、その後深掘りし、それでもさらに深入りしたい場合は、人脈を駆使して直接聞いてしまいます。

具体的には、気になるテーマが出てきた際、ざっとネット検索をしてヒットした記事を片っ端から読みます。今なら、AIに「○○について中学生でも理解できるように教えて」くらいからはじめて、ざっとコンセプトを理解してからでもよいでしょう。1000文字でとか、2000文字でとか、文字数指定をして、その数を増やしていくと、説明の粒度が上がっていくので、理解が深まります。

と同時に、その分野に関する本を2～3冊読みます。1冊はできるだけ主張が極端なものを入れるとその領域の際も見られるのでよいですね。

ここまでで、はじめは見慣れなかったワードやその業界の全体感について、人に語れるくらいの知識が身につきます。そうやってひとつのことに詳しくなったら、また別のキーワードを見つけて、同じことを繰り返していきます。

ちなみにですが、このくらいのことであれば集中すれば1~2日でできます。本は端から端まで読む必要はなく、その過程で調べてきたことと重複しているところはどんどん飛ばしていきましょう。むしろ重複しているところは、その分野に関する不変的なものだったりするので、読み飛ばせるくらいになっていれば、十分理解できていると思っていいと思います。

ここまではあくまで座学。さらに深掘りをする場合は、直接・間接のルートを通じ、専門家やその道の第一人者に理論と実践の違いを聞いたり、最新のトレンドや現実問題としての課題やリスクなどをヒアリングしたりします。直接の人脈があればベストですが、そうでなければ証券会社のアナリストや、スタートアップ界隈で顔が広い人に紹介してもらう、有料ですがエキスパートからの1時間単位のスポットコンサル・ヒアリング、という方法もあります。たまにこの順番を逆にしてしまい、いきなり下調べなしにプロに突撃して、初歩的な質問から根掘り葉掘り聞く人もいますが、ヒアリングで意味のある時間を過ごすためにも、また貴重な時間をもらう相手への誠意も含めて、前段階での十分なインプットは必須です。

「そうはいってもファイナンス関連の本でおすすめは？」ということもよく聞かれるので、最後に「たとえば」ということで以下の本をおすすめしています。いずれも実務や実践向けの本です。学術的に学びたい方の専門書とはジャンルが異なりますのでご留意ください。

『道具としてのファイナンス』（著 石野雄一／刊 日本実業出版社）
『ファイナンス思考　日本企業を蝕む病と、再生の戦略論』（著 朝倉祐介／刊 ダイヤモンド社）

次に、僕自身がどうやって勉強しているかを具体的にお伝えします。

永遠に生きると思って学ぶ

Live as if you were to die tomorrow. Learn as if you were to live forever.（明日死ぬと思って生きなさい。永遠に生きると思って学びなさい）——これはインド独立の父、マハトマ・ガンジーが遺した言葉です。

明日死ぬと思って生きることは、仕事も運用も同じ。その場で、全力で、ベストな判断ができなければ明日は来ないかもしれない。そんな覚悟で仕事に向き合っています。

そして、いつでも今日を生きるために正しい判断をするには、自分の価値観に軸が必要です。その軸を持つためには日々学習を続けることが欠かせません。

毎日1～1・5時間の学習というとストイックと印象を受けるかもしれませんが、受験生のように問題集を解いているわけではなく、前述したように知見を広げるための学習が習慣化され、生活リズムのなかに仕組み化されているので、

「面倒だな」「大変だな」という感情は入り込むことなく、自然と継続できています。

学習時間の内訳は、8割が読書、残りの2割がネットでの深掘り、というイメージです。読む本のジャンルはさまざまで、小説、最新テクノロジーから深海の生態系など専門外の専門書、金融関係の専門書、脳や心理など最新科学に関するもの、投資のアイデア関連のもの、海外のトレンド関連のものなどです。

小説に関しては、ストーリーそのものの面白さを追求するというよりは、文体や言葉遣いが綺麗な文章のものを読むことが多いかもしれません。小説を読む目的は、人の感情の動きが理解できるようになったり、自分の感情の奥行をつくってくれたりするところにもあると思っています。

そうやって広く浅い読書をした後は前述したとおり、読書中に気になったワードを深掘りし、自分の知識として蓄えていきます。

たとえば、「3Dプリンター」について深掘りをしていくと、最初は人の手を介さず圧倒的なスピードで建築物や機械をつくるようなイメージをしますが、調べていくうちに、今の分解能であれば、有機物もそれなりの精度で加工できるので、食品加工は面白い、となります。

すると、フードテック業界への可能性にも興味が湧きます。次世代の個人の嗜好に合わせた完全食、というのはまだ先かもしれませんが、たとえば介護の領域には喫緊の課題があります。介護食は、同じ献立のものでも噛む力や栄養素など、各個人に応じた食事を用意しなければならず、人的リソースが逼迫しているなかで、大きな課題です。ところが、3Dフードプリンターであれば、硬さや栄養素の調整がしやすく、好みの調整や、アレルギーへの配慮も含めて、決まった食材だけを使いながらもきめ細やかな対応ができるため、課題に対処できる可能性がある、といった思考です。

その先も足元のマイクロレベルがナノレベル、より細かいレベルに達することや生産性の向上により、医療・薬品分野、宇宙分野の広がりなども期待できます。こうして調べていくなかで、将来性がありそうなところ、成長が見込める領域を想像しながら、それらの領域に先見性をもった企業を探していく、という具合です。

知識を得たことで想像が広がり、投資の話にもつながってくるのです。

このようなアプローチで勉強をしている富裕層や投資家は多いと思います。日々の飽くなき学習や、世の中のトレンドを注視することが、お金を生むことにつながっていることを彼らは知っているのです。

学習のスタートは「死ぬほどハードルが低いことを1日15分」でいい

今まで学習の習慣がない人に、いきなり「毎日1時間勉強しましょう」といってもまずうまくいきません。

学習をするうえで最優先すべきは、やはり習慣化。効果が表れる前に挫折してしまう人がほとんどだからこそ、どんなに短い時間でもコツコツと学習を継続することで複利の力を借りて大きなリターンをつくるのです。

習慣化に際してのポイントは3つです。

ひとつ目は、とりかかることへの吟味。世の中には「これだけ毎日やれば」といった情報に溢れかえっています。正直なところ、ある程度信頼できるソースのものであれば、どれでもいいと思います。本当に毎日できるなら。なので、「毎日できるか」「毎日やれれば効果がないわけがない」という目線で決めてください。

2つ目は、その毎日やることが、ややレベルやハードルが高いことであれば、そのハードルを死ぬほど下げる。子どもでも毎日できるレベルまで落としましょう。これは後述の作業興奮やドーパミンの話と絡みますが、とにかく続かないことには意味がないので、続けさせるための仕組みづくりです。物足りないと思えたらそれは正しいです。習慣化が定着するまでは、物足りなくてレベルアップに飢えている状態でいいです。この段階で効果や成果を期待して焦らないでください。

最後は「1日15分」。これも最初は15分まで。やる気に満ち溢れている初日〜三日坊主までの期間は、とくにもっとやれると思ってしまいますが、15分でやめておきます。

これで仕組みが定着しはじめたら、ハードルをほんの少しずつ上げて、時間をほんの少しずつ長くしていきます。決してどちらも急に上げないこと。上げてしまったものをさらに下げるときに、後戻りしている気持ちになり、挫折したと決めつけてしまい、途端にゼロまで落ちてしまいがちです。

習慣化の力を身につけるためには、脳の仕組みを理解して活用するのがおすすめです。

人は動きはじめると脳の側坐核という部分が反応し、やる気物質のドーパミンが分泌されるとのこと。この現象を「作業興奮」といいます。面倒だった片付け、のはずなのに、はじめてみたら気がつけば1時間片付けに没頭していた、というあれです。

作業興奮は、動きはじめてから早くて5分ほどで起こるとのこと。まずはとにかく5分でも学習や運動をはじめると、残りの10分はドーパミンにまかせてオートパイロットで続けることができるという理屈です。

さらにドーパミンは達成感とも直結しているので、「今日もできた」という達成感でいい気分になることが明日のやる気にも好影響を与えるといわれています。つまり、脳を騙して学習や運動を習慣化させてしまうということです。

習慣化は、その内容によって定着までにかかる時間が違うことも知っておくといいでしょう。学習などは3週間〜1か月、ダイエットや早朝活動など身体的なものは2〜3か月、思考そのものの定着化には半年程度かかるといわれているので、効果を実感できるまでにこの程度の時間はかかるということを理解しておくと挫折しづらくなります。

学習し続ける人が億を超える基本の仕組み

1日15分でも学習を続ける人と続けない人とでは、収入に大きく差がつきます。「富裕層で学習を続けていない人はいない」とお伝えしましたが、彼らは学習することでリターンが増幅することだけなく、リスクを回避したり、機会損失を避けられたりすることを理解しているのです。

2024年8月5日、日銀の政策金利の引き上げや、アメリカの景気減速への懸念や円高の進行を受けて全面安の展開となり、日経平均株価の下落幅は4，451円とかつてない急落となりました。世界的に株価が暴落した1987年のブラックマンデーの翌日につけた3，836円を超えて過去最大の下落幅を記録しました。8月に入ってから7，000円以上値を下げ、相場はパニックになりました。

ある著名な投資家は、これを実態のない雑音として、個人資産の100億円以上の投資をおこないました。その後日経平均は1週間ほどで下げた幅の半分程度を戻し、1か月もたたないうちに暴落前以上の水準に戻しました。この著名な投資家が得た含み益は、この1か月で数十億円になっているでしょう。

この時点の日経平均の水準が高いか安いか、という議論はまた別ですが、学習習慣があり、金融マーケットに対するトレンドをしっかり追いかけている人、投資の経験値を有する人の多くは、これはパニック売りであり、ショックを起こすまで下げる合理性はない、ということで、むしろ大底で買って利益を出していました。

リスクを回避できているだけでなく、むしろそこで投資機会を逃さずしっかり利益を出した、ということは学習がもたらす大きな効果でしょう。

Chapter 5

普通の人でも実践できる「億稼ぐ人の生活習慣」

We are what we repeatedly do. Excellence, then, is not an act, but a habit.
我々は繰り返し行うことによって形づくられる。
卓越することは一度きりの行為ではなく、
習慣によって辿り着ける
——Aristotle

「勝ち癖」を身につける

「億を稼ぐ人たちは、普段どんな生活をしているのか？」そんなふうに思いませんか？　この章では僕が出会った富裕層たちがどんな意識を持って暮らしているのか、どんな行動基準で毎日を過ごしているのか、彼らの生活習慣について、僕が学んだことも含めてお伝えしていきます。

多くの富裕層は、生活習慣にもみずからに課したルールや制約を持っています。そしてそれを日々守ることで、「達成できた」「誘惑に打ち勝った」といった小さくも確実な達成を事実として積み上げることにより「勝ち癖」を身につけ、その効用を得ているということです。人は過去の成功経験をもとに、似た状況に直面した際にも「前にもできたからできる」と思うことができます。自己肯定感が生じて自信がつくため、いいスパイラルに入り、ポジティブに努力や挑戦を継続することができます。

逆に、失敗をして、その失敗にポジティブな要素がないと「どうせ無理」とやる前からネガティブな感情になり、「成功することしかやってはいけない」などと、努力やチャレンジすることすら諦めてしまいます。

運動や食事、睡眠やレジリエンスなど、あらゆる生活まわりのことでもただ漫然とこなすのではなく、意識的に取り組んでみましょう。いろいろな制約があるからと「これでいいや」と受動的に妥協するのではなく「こうする」という能動的な選択をそれぞれのことで実践して、よりスピーディに小さな自分の勝ち癖を積み上げます。

早起きは三文の徳というように、早起きすると人よりも時間を得した気持ちになるものですが、あれが「勝ち」の感覚です。その勝ち癖を身につけるためのきっかけは、生活習慣の小さなことで構わないと思います。勝ち癖がつくようになると、たとえば以下のような変化が自分に起こります。

・自分に自信がつく
・新しいことに果敢にチャレンジできるようになる

・困難な状況に直面しても、何としてもやり切る気持ちになる

きっかけは小さくても、このようなあらゆる場面に通ずる意識や精神の変化が定着すると、大事なプレゼンテーションの場面で自信がついたり、投資でも予期せぬ困難な状況を打開するためのリカバリーショットを打てるようになったりします。みなさんもまわりで成功している人に普段心がけていることやマイルールを聞いてみると、その人の勝ち癖が見えてくるかもしれません。

ただし、何だかよくわからないことを闇雲に続けてもあまり意味がありません。前章でも触れましたが、ビジネスではＲＯＩ（Return on Investment）という言葉で物事を評価することがあります。「投じた時間やお金に対して、どれだけの利益を得られたか」。ＲＯＩが高いほど投資効率がいい、ということになります。コスパ・タイパといってしまってもいいと思います。

富裕層を見ていると、「日常生活のなかでもＲＯＩを意識して行動していることが多いな」と思います。「それ、本当にやって意味ある？」「どう取り組めば自分にとって価値があるものになるか？」というように。富裕層には好奇心旺盛な人が多く、新しいことに対しても積極的に向き合う人も多いので、何でも飛びつ

いているように見えますが、しっかりＲＯＩを考えて取捨選択した行動をしていることが多いです。

僕のケースを例にしてみます。前章のとおり、僕自身もはじめは15分、ハードルをできるだけ下げた運動からはじめました。そこから徐々に時間と負荷を調整して、今では朝３：45に起床して毎日「25km走る」「60km自転車に乗る」「７００ｍ泳ぐ」のいずれかをこなす、というところに行きつきました。いろいろはじめる前にまず自分がどうしたいのか考えたところ、「体型は維持して健康でいたい」→「でも食事制限はしたくない」→「薬や手術を別とすれば、運動をするしかない」→「運動するならレースに出て好成績を狙いたい」ということなのだと理解しました。

ここに行きつく過程で、ヨガを取り入れてみようとか、謎の通販ＤＶＤの激やせダンスに置き換えてみようとか、いろいろ寄り道もありました。ただ、「ジムのクラスであれば時間がコントロールできず毎日継続が難しい」「効率はよさそうだけど早朝にそんなダンスをやって迷惑にならない場所がないし、そもそもダンスでは足は速くならない」など、継続に必要な条件に合わないものは、取り入れるのをやめました。

食事についても、量は変えずに低ＧＩのものに置き換えたり、代替食のようなものも試したりしたのですが、やはりどこかでやや我慢が生じてしまいます。加えて、基本的にはコストも大幅にかさみます。何より、「それ毎日、一生続けられるか？」という問いに答えられていません。それだと一時的な効果にしかならないよね、ということですぐやめました。

こうして、投資効率を考えていろいろ模索しつつ、最終的に「やること・やらないこと」を決定します。無駄な努力をしなくて済むだけでなく、一度はじめたら小さな勝ち癖を積み重ねながら習慣化するまで継続する。そのためにはＲＯＩを考えて的確な見極めをすることです。

自分のルーティンを決めたら絶対に変えない

自分のルーティンを決めたら、それは絶対に変えない。これは多くの富裕層も実践していることです。

繰り返しになりますが、僕の場合は朝3：45に起床して「25km走る」「60km自転車に乗る」「7000m泳ぐ」が早朝のルーティン。それ以外にも毎日30分以上の語学学習、1時間以上の読書が入ります。出張先の海外でも、休暇中の旅行先でもルーティンを変えることはありません。むしろ時差ボケを感じることはほとんどなく、世界中どこでも快適に同じ1日をスタートできます。

「1日の95％は昨日と同じことを考え、昨日と同じ選択をしている」という説があります。スティーブ・ジョブズのように、「今日が人生最後の日であると思って、今日やりたいことをやろう」といろいろ考えて行動できるのであれば、それに越したことはありません。ですが、考えて行動しているようでも、結局95％は同じ毎日になっているのかもしれません。

たとえば、毎朝アラームをかけていても、起きる時間が違う場合、「寝坊した」と慌てて家を出たものの、途中で忘れ物に気づいたり、遅刻の連絡をしたりとバタバタした朝を過ごした割に昨日と同じ1日を過ごしてしまいます。

どうせ同じ結果なら、さまざまな些末事に振り回されることなく自分が決めたルーティンで動けば、時間やエネルギーに無駄がないし、精神的にも楽。限られた意思決定の回数も節約できます。変化がない部分をルーティン化することによって、捻出した時間やエネルギーを、緊急度が低いけれど、重要度が高いところに振り向け、これまで5％しか変化しなかった毎日を10％、20％、30％増やして、変化に富んだ毎日を送る。それが豊かな人生への道だと思います。

モチベーションを維持するために「他人の力」を利用する

自分で決めたルーティンをただ毎日こなす。これだけのことが面倒に感じる日も当然あります。

前章でも触れましたが、やる気が出るような仕組みづくりとして、「他人の力を利用する」という方法があります。具体的には、「あの人は、ああいう人だから」と他人からレッテルを貼ってもらうように周知徹底する、ということです。認知心理学の分野で、目標宣言効果というものがありますが、手っ取り早いのは決めたことを知人や家族に宣言してしまうことです。

僕の場合、「早起きして運動している人」というレッテルが貼られています。アスリート専用のSNSでつながっている相手には、僕の毎朝の運動量の記録が更新されるので、「田中さん、昨日は帰りが遅かったのに、いつもどおり朝3：

45に起きて走ったんですね」ということがわかります。自己満足や達成感に加えて、脳は自分の承認欲求が満たされて気持ちよくなるので、「また明日も頑張ろう」とモチベーションが上がるようになる、ということです。やる気が出なくてサボってしまったことも伝わってしまうので、「やる気がみなぎっているわけではないけれど、言ってしまったからにはひとまずやってみよう」となります。

それでも何とかはじめてしまえば、先述の作業興奮の力で気がついたら続けられるので、これで乗り切るわけです。

ルーティンの内容によっては、複数の人たちと組むという方法も効果的です。アプリを活用して語学の学習をする際などは、「同じレベルの人たちとグループを組んで学ぶと継続効果が飛躍的にアップする」ということがいわれています。

グループ内でいい競争環境をつくり出してモチベーションを上げるという効果もそうですが、他人と約束して自分に責任感を持たせたり、怠けると他人に迷惑をかけるような環境をみずから構築したりしながら、やる気が出る仕組みをつくっていきましょう。

タスクは複数を同時進行させる

忙しい富裕層たちは、いつでもマルチタスクで行動しています。僕も会社員時代、どう考えても終わらない山積みのタスクを目の前にして、「タスクは細切れにしてひとつずつコツコツこなしていったほうがいいのか、集中して一気呵成に片づけたほうがいいのか？」ということを考えていました。

僕の最適解は「複数のタスクを同時進行する」です。たとえば、「ニュースから情報をインプットする」「メールに返信をする」「騒がしい状況では話しにくい相手と交渉する」というタスクがあったとします。それらをパソコンの前やデスクでそれぞれのタスク専用の時間を設けて取り組むのではなく、家事や雑事などと同時進行させていくようにします。「食器を洗っているときに、ニュースを聞いてインプットする」「洗濯ものを干しながら、音声入力でメールの返信をする」

「タクシーで移動中、静かな環境とスキマ時間を活かして、相手と交渉する」というようにすると、時間も有効的に活用できます。

ジムに滞在している時間も、体を鍛える以外のタスクを同時進行していることが日常茶飯事です。ゴールドマン・サックス時代は、社内にジムがあったこともあり、資料を読みながら自転車を漕いだり、会議を録音した音源を聞きながらランニングしたりすることが習慣となっていました。

運動をしながら仕事の進め方やメールの返信内容を考えている富裕層は大勢います。トレーニングの時間を、次の行動につながる思考のための時間に充てて、時間を効率的に使う工夫をしているのです。

ひな型をたくさん持っておく

マルチタスクに加え効率的にタスクをこなす際には、汎用性のあるひな型をできるだけたくさん持っておくことが必須でした。

「学ぶ」という語の元の意は、「まねぶ」だったといわれます。「真似をする」という行為が学習には重要。僕は仕事や本、人生で出会ってきた人のさまざまな仕事の仕方や生き方を真似しながら学んでいきました。

なかでも、そういう方々がつくったプレゼンテーションや、表現の仕方でいいと思うものを、決まったフォルダに保存して、いつでも取り出せるようにしてあります。そういうものを切り貼りしながら、機関投資家への出資依頼の資料や、社内での投資案件の稟議書の作成などに流用していました。

たとえば、「ある会社の売上の成長」という事象を説明するとしましょう。「近年、群を抜いて急成長」などと書いてある資料がよくありますが、これでは主観的な表現に過ぎず、まったく伝わりません。「2010年~2024年で売上のCAGR（年平均成長率）が12%（比較として競合平均は7%、上場企業平均は3%）。なお、14年間でCAGR12%の成長率とはiphoneが市場に登場したときからアメリカ国民のxx%が保有するようになったxx年間の成長率と同程度」などと、定量情報を入れて比較対象を入れる。そもそも業界関係なく市場が成長しているのか、その伸びはどの程度インパクトが大きいものなのか、といったことが誰にでもイメージしやすいように表現する。すると、客観的な情報で疑いのない表現ができます。

こういうものを寄せ集めて、一度集中的に作業をして、汎用性のあるひな型をたくさんつくり上げ、使い倒す、ということで圧倒的に仕事が効率的になります。出来上がったひな型から、「社内稟議用」、「社外マーケティング用」、「メール用」、「議事録作成用」と適宜切り貼りし続けることで、仕事はより効率化できます。

富裕層はルーティンに運動を欠かさない

「歩くことは体にも脳にもいい」ということは誰もが知っていること。ウォーキングの効果についてはすでに多くの研究で明らかになっていますが、成功している投資家や富裕層の間でも、ルーティンのひとつとしている人はとても多い印象です。

「記憶や学習を司る脳の海馬の神経が増える」「思考力や学習力に関する前頭葉や記憶力に関する側頭葉が発達する」といった脳の機能面でのウォーキング効果は有名です。

また、ふくらはぎは第二の心臓とも呼ばれる重要な体の部位。ふくらはぎを含む下肢は体のなかで心臓からもっとも遠くに位置し、流れてきた血液を重力に逆らって心臓まで押し戻さなければならないからです。そのふくらはぎの収縮をミルキングアクションといいますが、ミルキングアクションを起こすことで「しあわせホルモンのセロトニンが分泌されるので気持ちが安定する」「自律神経が整いやすくなる」などメンタル面でも科学的根拠が発表されています。

ウォーキングをルーティンに取り入れている人物のエピソードも数多くあります。

古くは進化論を唱えたダーウィン。彼は自宅につくった砂利道で、抱えている問題について考えながら長時間歩くことを日課にしていたといわれています。

スティーブ・ジョブズはアップル社の拠点があるカリフォルニア州のパロアルト地区周辺を長時間散歩することで有名ですし、Facebookの創設者のマーク・ザッカーバーグはウォーキングをしながらミーティングすることを好んでいるとも聞きます。

X（旧ツイッター）社の共同設立者のジャック・ドーシーは新入社員をガンジー・ウォークに連れ出し、会社のガイドラインについて説明するといいます。ガンジー・ウォークとは、マハトマ・ガンジーが歩くことを習慣としていたことに由来しているウォーキングのこと。これに影響を受けたジャック・ドーシーは体をリフレッシュさせ、集中力を高めるための手段として毎日長距離を歩くことを自身のルーティンにとり入れているそうです。名前は明かせませんが、僕も日本の著名な経営者がウォーキングしているところを毎朝見かけます。彼はウォーキングの間いつも電話会議をしています。朝のうちに重要な意思決定や指示出しをしているのではないかと想像しています。

必ずしも走る必要はありません。早朝早起きしてウォーキングを習慣にしてみるのもいいかもしれません。

その分野の「上位数%」に入るためにはゴールに向かって多角的に進める

富裕層のなかには、仕事以外でも何かを極めている人が大勢います。音楽、文学、スポーツなどジャンルは何であれ、「その道のプロ」といわれるような、それぞれの専門分野における上位数%のトップクラスに入ると、趣味の域を超えてやりがいになり、豊かさが増します。

「1万時間の法則」という言葉があります。どんなことでも1万時間使えば、その道の一流の人になれるというものです。そこまでは難しくても「1，000時間の法則」というものもあり、1，000時間費やせば、その道の上級者、セミプロになれるというものです。1，000時間であれば、1日1時間で2年半強、1日2時間なら1・5年弱です。習慣化をものにすれば、年単位の継続で極められることがある、といえます。

ここで大事なのは、複数の道で上級者になることです。圧倒的に市場で希少な存在や、マーケットバリューの高い存在になれます。ひとつの道で100万人に1人の存在になるのは1万時間の努力だけでは必ずしも辿りつけません。そこは、ある程度才能の域に入ってしまっています。ただ、1，000時間の努力で100人に1人の存在くらいにはなれます。これを2つ掛け合わせれば、100×100で1万人に1人の存在、3つ掛け合わせれば、100×100×100で100万人に1人の存在になれます。

たとえば、このようなことです。

・金融×プログラミング。フィンテック業界でのＣＦＯやＣＴＯ、ＣＯＯのポジションのオファーも来るかもしれません。

・技術開発×経営。経営は現場をわかっていない、現場は市場を理解していない、というせめぎ合いがあります。盤石な印象が強いのは、技術家上がりの経営者がいる会社です。

・ホスピタリティ×テクノロジー。日本の武器でもあるホスピタリティ産業ですが、いきすぎたおもてなしや俗人的すぎるサービスなど、効率が悪いところも。テクノロジーの力でさまざまなソリューションを提供できそうです。

英語などは、どのスキルに掛け算しても「グローバル」という観点で、大きく領域展開ができます。だから、英語を軸に入れるだけで、求人や収入アップの幅も大きく広がるわけです。

著名な方でも、複数のエッジを持ち合わせて成功されています。レバレッジコンサルティングの本田直之氏は、経営×ハワイ×食。角野隼斗氏は、東大×プロピアニスト×YouTube、といった具合です。

では実際に1，000時間を確保することを決めたら、具体的にどのように取り組むべきか。僕なりの方法をご紹介します。

1，000時間を確保することを決めたら、最初のステップとしてやることは必要なスキルの分解です。たとえば、語学学習の場合なら、「読む」「書く」「話す」「聞く」です。

2つ目のステップでは、それぞれのアクションを同時進行していきます。ここがポイントです。多くの場合、「読む」「聞く」あたりからはじめ、それが一定のレベルになったら「話す」「書く」と進めようとするはず。これは2点問題があると思います。

ひとつは「読む」「聞く」はインプット、「書く」「話す」はアウトプットだということです。インプットばかりでアウトプットがない学習の効率は極めて悪く、アウトプットなきことには、実践で使い物になるスキルとして定着しません。必ずインプットとアウトプットをセットでおこなう必要があります。日本人は、「ある程度できるようにならないと、人前で披露するのに抵抗がある」という気質があって、二の足を踏みがちです。外交的な国民性の国の人ほど、迅速に場に出て実践でアウトプットしながらインプットしていくので、母国語以外の言葉を身につけるのが速い印象です。

2つ目はスキルを横断することで学習の効率が指数関数的に上がるという点です。たとえば「読む」だけでは、小難しい熟語はなかなか頭に入りませんが、「聞く」を重ねていると、ネイティブが使う自然な慣用句というのはパターンが非常に限られている、ということに気づきます。使わない慣用句は無理して辞書を引いてまで覚えない、といったことで効率が上がります。これは「書く」と「話す」の関係でも多くあります。

ずっと座学で学習していないで、初期段階から実践の場として英会話をはじめることは多くの指導者がすすめていますが、英会話は聞く、話すはもちろんのこと、会話の相手とのやり取りにメールなどを用いることで、読む、書くも同時におこなうことができるので、効率がいいといえます。これらのことは、スポーツにたとえれば腹落ちしやすいと思います。野球の練習の要素を「打つ」「投げる」「捕る」「走る」だとしたら、打つ、を極めるまで投げる練習も走る練習もしない、ということはないでしょう。語学になると途端に分解学習になってしまうのは不思議ですね。

話を戻しましょう。最終ステップでは、「読む」「書く」「話す」「聞く」というすべての学習を少しずつ進めたくらいのタイミングで、指導者や成功している経験者にアドバイスを求めたり、評価の高い参考書を読んだりします。家具やプラモデルを組み立てる際、いきなり説明書を読んでもさっぱりイメージが湧きません。少し部品を触って、大きさを確認したり、組み上がりまでの工程のイメージがぼんやり見えたりしてから説明書を読むほうがいい、という感じでしょうか。同様に、少し学習の各要素に触れてみたところで、今後の学習方法の正しい道筋を立てるための作業をはじめます。

この3つのステップを踏んだ後は、自分が決めた進め方で学習を継続するだけ。スケジュールを決めてカレンダーに書き込んでほかの予定をブロックしながら、学習を習慣化していけばいいのです。

ここでは語学の話を例に挙げましたが、僕もこれらの方法で計画を立てて、小さな努力を毎日継続することで、トライアスロンやランニングの大会で、上位5

〜10%程度の成績を収めることができるようになりました。

「小さいことを積み重ねることが、とんでもないところへ行くただひとつの道」というイチロー選手の名言にもあるように、今日やることは小さくても、それを習慣化できたときに上位数%に入ることは可能なのです。

睡眠は徹底的に「質」を高める工夫をする

アメリカ人と一緒に仕事をしたとき、日本人との生活習慣の違いを感じたことのひとつは「睡眠」に対する向き合い方でした。

朝起きてから日中の活動時間は、とにかく頭も体もフルに動かして、しっかり使う。十分な睡眠時間を毎日必ず確保します。睡眠のリテラシーも高いので、量だけでなく質も高いです。回復力が上がり、起きている時間は短くても時間当たりの生産効率（ROI）が上がり、翌日にまた最大限のパフォーマンスで仕事ができます。OECD加盟国（内33か国）の睡眠時間のデータでは、日本人の睡眠時間がワーストです。にもかかわらず、国民ひとりあたりのGDPは半分より下にあり、長時間働いているから生産性がいいというわけでもありません。

富裕層たちも「よく寝る」人は多く、だからこそみなさん早朝から起きて活動をしているのだと思います。

日中の活動時間のパフォーマンスの高さは、寝ている時間で決まることがわかっているのに、なぜ睡眠をおろそかにするのか。新人時代の数年間、平日は机の下で寝る生活をしていた頃の僕も、「睡眠とは仕事と仕事の合間に、できるだけ短時間で済ませるもの」と思い込んでいました。体は疲れているはずなのに横になってもなかなか寝つけないこともよくあり、どんなに仕事が終わる時間が遅くなってもその後でお酒を飲まないと眠れないという経験もしました。

20代も半ばを過ぎる年齢になると、「会社の床で寝た」「忙しくて寝ていない」といった「寝ない自慢」をしている場合ではなくなります。睡眠負債がたまって、日中のパフォーマンスが落ちて、さらに労働時間が長くなるという逆複利状態。激務をこなさなければいけないなかで、翌日に疲れを残していてはダメだろうと危機感を覚えるようになりました。

そこで、睡眠の質を高めるための学習をしました。そこで学んだいろいろなティップスを試した結果、自分に適しているとわかったことがいくつかあります。最終的に現在、睡眠の質を高めるために実践しているのは次のことです。

- 就寝時間と起床時間の固定化（就寝時間が遅れても、起床時間はずらさない）
- 日中に運動をして、体に「いい疲れ」をためておく
- 日光を浴びる（できれば30分以上）
- 腹式呼吸、きちんと吐き切るなど、正しい呼吸をする
- ベッド、マットレス、枕などの寝具は自分に合うものを選ぶ
- 吸汗性や速乾性がある素材の長袖&長ズボンなどパジャマにはこだわる
- ウェアラブルデバイスによる睡眠スコアの測定と改善のＰＤＣＡ（完璧な

睡眠をとらなくてはならないという脅迫概念＝オルソソムニアには注意）
・デジタルデバイスの閲覧時間を決め、就寝直前には見ない
・就寝直前まで飲食をしない。夕方以降のカフェインを控える
・遮光カーテンを使用するなど寝室は完全な暗闇をつくる

このように、睡眠時間の質を高める工夫はいろいろ試みているのですが、もっとも大切に考えているのは一定のリズムを保つことです。睡眠も習慣化が重要。同じ時間に寝て、同じ時間に起きることを心がけています。これができるようになると、どんなに朝早い時間でも起きられるようになります。休日に寝だめをすることもありません。どうしても眠気に襲われたときは、日中の15分間のパワーナップで調整しています。

ほかにもビジネスパーソンが気をつけたい点として、「就寝前は仕事のメールは見ない」ということもあるでしょう。寝る前に仕事のメールを見てしまうと、横になってからもつい仕事のことを考えてしまうので寝つきが悪くなります。また、深い時間に返信したメールは、大抵翌朝後悔する内容になります。勇気を持

ってデジタルデバイスからの情報をシャットアウトしましょう。

富裕層が怠らない3つのこと

富裕層たちが日常生活を送るなかで、「これだけは絶対に怠らない」と決めている3つのことがあります。

それは、「人脈に関する情報を仕入れること」「創作意欲を満たす情報を仕入れること」「体をメンテナンスすること」です。

ひとつ目の「人脈に関する情報を仕入れること」については、次の章で詳しくお伝えします。

2つ目の「創作意欲を満たす情報を仕入れること」とは、たとえばアートや音楽といったクリエイティブな領域に対し、鑑賞、ときに参加、さらには支援するような富裕層も多いです。人生を豊かに彩る目的だけでなく、投資対象にもなり得るので、新鮮な情報を見聞きすることを大切にしています。「Hip hop界のレジェンドNotorious B.I.GのNFTコレクション」という、アートと最新テクノロジーの融合商品に投資している人にも出会いました。

もうひとつは、「体をメンテナンスすること」について。健康で体力があるかどうかは、戦国時代なら文字どおり死活問題、バブル期の「24時間戦えますか」という企業戦士時代ではライバルに差をつける大きな要素でした。現代では一見緊急性が低いため、つい後回しにしてしまいがちですが、健康な体でいることは最大のリソース、重要度が高いカテゴリーのものです。有限の原資だからこそ大切に扱うべきでしょう。

僕も、2週間に1度のペースで整体に通っています。以前は、調子が悪くなったときだけ行っていました。ところが、何も不調を感じることがなくても定期的なメンテナンスとして通うようになってから、怪我もなくなり、仕事のパフォーマンスもいい状態でキープできるようになりました。そこで、今はメンテナンスの優先順位を高くして、予定表には整体を優先的に入れるようにしています。

体のことを優先的に考えてメンテナンスを習慣化するのに、早すぎる年齢はありません。「困ってからの絆創膏」ではなく、平時の定期メンテナンス、予防は治療にまさります。

富裕層は「カネ↓カラダ↓ココロ」の順番で整える

「ストレスフルな毎日、メンタルを安定させたい」「将来への漠然とした不安を払拭したい」――「心」の問題が生じたときに、いきなり薬やカウンセリング、といった直接的な対処に取り掛かるのではなく、まずは「体」を先に整えてみる。

これは、多くの富裕層も実践している方法です。

ゴールドマン・サックス時代、入社してから何度もいわれた言葉は「プライオリティ（優先順位）をつける」「期待値コントロールをする」の2つでした。達成したい目標がある場合、「まず何をどうするか。次に何をどうするか」という優先順位を的確につけていくことが、有限な時間の使い方として大切です。

心の問題を引き起こす本質的な原因は、すぐに解決できないものも多いので、いきなり心の問題に取り組む前に、まずは体の健康を整えて万全な状態になってから心の問題に取り組むことで解決できる場合もあると考えています。「体の健康は心の健康」ということです。

メンタルヘルスの3本柱は、「睡眠」「運動」「食生活」といわれています。睡眠については前項のとおり、食生活については後段の項でお伝えしますが、ここでは「運動」についてお伝えします。

会社員時代、ストレスや激務により心身ともにボロボロになった時期がありました。そのときにはじめたのが、運動の習慣化です。

「疲れて何もしたくない」というなかで、さらに疲れることをするのか、と思いますが「運動する」→「血流が促進される」→「細胞が活性化される」→「体も健やかになる」→「さらに自律神経も整う」という、一時的な肉体疲労を凌駕するメリットがあります。

運動を習慣化したことでもたらされた副産物もありました。僕は最初、ひとりでランニングをはじめたのですが、しばらくして会社のアスリートコミュニティに参加することにしました。そこでは仕事の話は一切せず、大会の話やトレーニングの話、ギアの情報交換しかしません。

利害関係のない世界で仲間ができたことは、心身を回復させることに大いに役立ったと思っています。

「サ活」は一般名称化するほど定着していますが、富裕層や経営者の多くも、サウナに入ることを習慣化しているケースも少なくありません。サウナを単なるリラクゼーションだけでなく、健康やビジネスにおいて高いパフォーマンスを維持するための重要なツールとして活用しています。

たとえば、サウナには疲労回復や血行促進、代謝アップや自律神経の調整などの健康効果が期待できます。血流が改善し、体温や心拍数が上昇することで、脳内にアドレナリンやエンドルフィンが分泌され、集中力や決断力の向上の一助になるともいわれています。

いわゆる「幸せホルモン」と呼ばれるものには、ドーパミン、セロトニン、オキシトシン、β-エンドルフィンの4種類があり、それらをバランスよく分泌させ、相互作用を働かせるのがよいという研究があるようです。運動全般によってドーパミン、リズム運動であるウォーキングやランニングでセロトニン、コミュニティに属し心理的安定を得てオキシトシン、サウナに入ってβ-エンドルフィンを分泌させる、というのはバランスにも優れ理にかなった、体の整え方であるのかもしれません。

ここまでは「体→心」の順番についての話でしたが、そもそも「モノや時間」といったリソースが不足している状態では、余裕がなくなり、体の健康も心の健康も損ないやすく、妬みや嫉みといった人間のもっとも恐ろしい感情が湧き起こってしまいます。

本書でお伝えしているような方法で、時間をコントロールする習慣を身につけ、お金にお金を稼がせて、物質的な欲から解放される。それが体を整え、心を整えるための土台になるのではないかと思います。

「人は食べたものでできている」と心得る

「食事を薬と思って食べなさい。そうしないと、薬を食事のようにとらなくてはならなくなるだろう」。これは、イギリスの格言の引用としてスティーブ・ジョブズが遺した言葉です。

好きなものを食べたいから余計なことは気にしないという気持ちはわかりますが、人間の体は、口にするもので決まります。結果として食べるものが好きなものであっても、食に関する基礎知識を知ったうえであえて選択するのか、知らぬまま惰性で摂取していくのかでは大きな違いがあります。

ただし、特定の食品や栄養が健康と病気に与える影響を過大あるいは熱狂的に評価したり、信じたりする「フードファディズム」に陥るのはいいとはいえないでしょう。また、昨日までいいとされていたものが、今日から悪いものとして扱われる、といったこともあるため、知識や情報は時代によって変わるものとして、定期的にアップデートしていくことは重要です。

健康管理の一環で、食や腸内環境を整えることにこだわっている富裕層も大勢います。腸内環境を向上させることを目標としたとき、まず考えるべきは「その食べ物は、自分の体に合っているか?」ということでしょう。「腸は第2の脳」といわれるほど、腸が健康の鍵を握っているとされる時代。腸と脳はお互いに密接に影響を及ぼし合っていることを示す脳腸相関という言葉も広く知られるようになりました。

自分の体に合っていない食べ物を食べることで腸には負担がかかるといわれています。負担とは、消化不良や免疫反応の過剰反応、腸内フローラのバランスの乱れや蠕動運動への悪影響などです。それらは腸だけでなく脳にも影響を及ぼし、日々のさまざまな体の不調やパフォーマンスの低下、メンタル不調を招くことにつながるとされているのです。

僕自身、年に一度の人間ドックだけでなく、アレルギー検査もしています。IgG検査では、219項目の食物アレルゲンに対する過敏性から遅発性反応を調べ、「隠れアレルギー」をチェック。一見それとはわからないものの、じつは自分に合っていない食べ物があるのかどうかを調べました。

検査の結果、ショウガが食物アレルゲンだったと判明。それまでショウガは苦手ではなく、お寿司屋さんでもガリを壺いっぱい食べるくらいの好物だったので意外でした。ほかにも普段から何げなく食べているもので10種類以上大きな反応が出ていた食品があったため、検査後は食べるのをやめたところ、肌アレルギーやお腹の調子が目に見えてよくなりました。もちろん、これは僕に限った話ですが、花粉症もそれまで点鼻薬がカバンに入っていなければ生活できなかったものが、大幅に症状が改善しました。

食生活の改善なのか運動の習慣化なのか、全体的な生活習慣の改善なのか、あるいは複合的な相乗効果なのかもしれません。肩こりや腰痛、睡眠障害も一切なくなりました。退職するまで病気で会社を休んだことも一度もありません。少なくとも自分が口にする食べ物を意識的に取捨選択するという習慣ができたのは事実。食べ物は、毒にも薬にもなるものだとわかりました。

ほかにも、食への意識が高い富裕層たちのなかには、次のようなことにこだわっている人もいます。

- 食前食後で血糖値が乱高下しないようにコントロールしている
- 腸内細菌に詳しい
- 抗酸化作用のある食べ物を積極的に食事でとり入れている
- 「白米→玄米」など、精製された白い食品を未精製の茶色い食品にシフトさせる
- マーガリンやショートニングなどトランス脂肪酸は避ける
- 清涼飲料水は控え、水またはお茶にシフトする

- 夕食から翌日の朝食まで16時間空けてオートファジー効果を狙っている
- 抗酸化系やアミノ酸系、ビタミン系のサプリを飲んで食事を補っている
- オーガニックのものに固執しすぎない
- 過度な糖質制限をしない
- カロリーだけを気にする「カロリー信者」にならない
- 体重の数字だけで判断しない

入門編の基本的な知識で十分ですが、ある程度リテラシーがついてきたら、「これは今の自分の体にとって必要か？」という視点を持って口にするものを選ぶ意識を持ちましょう。知っておく。そのうえで、意識をして、選択をする。これだけでも大きく変わります。ただし、一度に全部やめたり、置き換えたりすると苦しくて続かなかったり、体がショックを起こしたりします。自分の体の調子を見ながら、少しずつ全体的に食生活の質を改善していきながら最適解を見つけていきましょう。

Chapter 6

「人間関係の築き方」一生お金に困らない人の

Your network is your net worth.
あなたのネットワークこそがあなたの財産である
——Porter Gale

人間関係の不安は、所属するコミュニティを増やすことで解決する

年齢を重ねても、所属するコミュニティが変わっても、人間関係は難しいもの。人脈がお金を運ぶ富裕層ですら、努力なくしては良好な人間関係を維持できません。

この章では富裕層が心がけている人間関係やコミュニケーションについてお伝えしていきます。

人が抱える不安は大別すると「お金」「健康」「人間関係」の3つに集約されると思います。

そのうち、「お金」と「健康」については、ここまで本書を読んでいただいておわかりのとおり、それぞれのリテラシーを身につけつつ、複利の力を活かして増やすなり整えるなりすることが重要なポイントになります。

「人間関係」の不安を解消するには、「所属するコミュニティを複数持っておく」ことです。人間関係も分散投資が基本です。会社の人間関係だけが自分の所属しているコミュニティだった場合、そこで人間関係のトラブルが発生してしまうと逃げ場がなくなってしまいます。ひとつのコミュニティで居心地が悪くなるようなトラブルが起きても、ほかにコミュニティを持っていれば、折れかけた心も立て直しやすくなります。

前章でも触れたように、僕自身もアスリートコミュニティに参加し、利害関係のない世界で仲間ができたことは、心身を回復させることに大いに役立ったと思っています。

また知り合いの富裕層のなかには、コミュニティによって全然キャラクターが違う、という人が何人もいます。僕が以前接していたコミュニティでは、大人しくて、自分の主張を全然しなかった人だったのに、その後起業して、成功したコミュニティでは雄弁にものを語り、たくさんの後輩を連れ積極的にイベントなどを開いていたり、と。

そのときどきの相手やコミュニティに合わせて変化するそれぞれの自分を「分人」と呼び、すべての分人が「本当の自分」である、という「分人主義」を平野啓一郎氏が提唱しています。成功のためだけでなく、心理的安全の確保のために、キャラチェンジすることも、複数のキャラクターを持つことも、ありなのだと感じます。富裕層は学習の継続、趣味、文化の堪能、地域貢献、などを通じて複数のコミュニティに属していることが多いので、その副次的な効果として、複数の人生を楽しんでいるのかもしれません。

富裕層マインドで億を稼ぎ出す働き方をする

お金に稼いでもらうことが大切。……といいつつも億を稼ぐようになる人は、資産を形成するまでは、自身の労働で稼がなければなりません。ですが、その働き方を見ていると、やはり圧倒的に違いがある、と感じます。投資でも取引でも、基本的には仕事は相手があることを前提に人間関係を意識した仕事ができている印象です。具体的には、以下のような共通点があると思います。

1．メールの返信が速い
2．情報提供や人の紹介を惜しまない
3．「ToDo」と時間軸の整理が明確
4．チームの稼働率を100％にできる
5．判断事項は、考えなしに持ち帰らず、その場で結論を出す
6．相手の立場が理解できている
7．いつでも責任感とオーナーシップを持って仕事をしている

富裕層は少なくとも4－5つ、ほとんどの場合7つすべてにチェックが入るでしょう。

それぞれの項目を簡単に解説していきます。

・富裕層マインド1．「メールの返信やアウトプットが速い」

メールの送り主はいつでも相手の反応を気にしています。時間をかけて丁寧な返信をするより、とりあえず「拝受しました」「のちほど改めて」のように、まずは何かしらのレスポンスを出すと相手は「読んで意識してくれているのだな」と、モヤモヤがなくなります。「スピード感×相手の心情を察して動く」は基本です。

・富裕層マインド2．「情報提供や人の紹介を惜しまない」

富裕層は信頼している相手に対し、情報や人脈、持ち物ですら惜しまずに与えます。そこに信頼関係があれば、そういう人に対してはお返ししたくなるという心理が働くので（返報性の原理）、ますます人間関係が良好になり、その輪は広がりながら循環します。

・富裕層マインド3．「『ToDo』と時間軸の整理が明確」

「何をいつまでにやればいいのか」をいつでも正確に把握しておくことは、時間コントロール、リソースコントロールをするうえで必須。会議や打ち合わせであれば、終了前2~3分のタイミングで、そこで決まったことや持ち帰り事項、デッドラインや役割分担などをさらっと整理して、そのとおり実行します。また、要所要所でのフォローアップや、決めたデッドラインが近づいたときのリマインドも欠かしません。

・富裕層マインド4．「チームの稼働率を100％にできる」

稼げる人は、指揮系統が明確で、オーケストラの指揮者のようにチームメンバー全員を同時に稼働させ、コントロールができています。

「Aさんが事業計画の骨子をつくっている間にBさんはなかに入れるデータを明日までに集めておいて。Cさんは公表のためのコンプライアンスの承認をとっておいて。これは今週中で大丈夫です。その間、Dさんは想定問答集をつくって、先にマネージャーに渡しておいて。その際は、事業計画は作業中だけど、明日朝には見られるようにしておく、と伝えておいて。後マネージャーは今日会食だから、想定問答集は15時までに渡して、17時までに意見もらっておいて。会食前に資料レビューの時間ください、とはあらかじめ伝えてあるから時間はとってくれるはず。その間、僕は今から、全体のプレゼンテーションのレビューをして、みなさんにメールします。その返信はみなさんの作業が終わってからでいいです」

というようにテキパキと役割分担とデッドラインを明確に決めて指示し、上司であるマネージャーも含めて、全員の稼働率を100%にします。作業の山場が来る日のことを先読みして、各人のスケジュールをあらかじめ押さえておくことなどにも余念がありません。

悪い例としては、日中は自分の作業だけに没頭し、夜中にたまったメールを返すパターンです。まとめてメールを返せてスッキリするし、ハードワーカーな気分になりますが、夜中にメールを返しても、その返信が来るのは翌日以降。メールを往復するだけで1日かかってしまいます。日中にメールを返しておけば、相手に作業をお願いして稼働率を上げられたり、何往復かのやり取りで建設的な議論ができたり、日中の作業の効率性が相当変わってくるものもあります。「稼働率の意識」の大切さはおわかりいただけると思います。

・富裕層マインド5．「判断事項は、考えなしに持ち帰らず、その場で結論を出す」

投資において、迅速な意思決定が何よりも武器になることは、これまでの章でもお伝えしていますが、自分が大事な依頼をする際や、投資の意思決定をしたいときに、特に意見もなく「持ち帰って検討します」というスタンスの人には相談しません。

これはその相手が意思決定権者であるかどうか、という話ではありません。自分に権限がない場合でも、その場にある材料で仮説を立てて、それに基づき自分なりに結論を出し、判断をします。

「伺ったお話をまとめると、こういうハイライトの投資だと理解した。リスクは～にあるが、～の理由でリスクは限定的だと社内整理できると思う。それらを踏まえて、このリターンが出るのであれば、私の経験上、社内稟議を通せる可能性は高いと思うので、ぜひ取り組みたい。戻り次第至急マネージャーと議論し、今日中に連絡する。社としての最終判断には2週間時間をいただきたい」という具合です。その場での仮説、結論を出したうえで、意思決定権者の判断を仰ぐために「持ち帰る」のが正しい持ち帰り方。稼げる人は自分がどのレベルでも、きちんと判断をしています。

・富裕層マインド6．「相手の立場が理解できている」

稼ぐ人は、「自分が伝えたいこと」ではなく「相手が知りたいこと」をつねに意識しています。たとえば、同じ投資のストーリーを話すにしても、アメリカの意思決定権者に話すとき、日本の銀行に話すとき、社内の専門外の部署の人に話すとき、それぞれまったく別のプレゼンテーションをします。相手が関心を持っていること、聞きたいことがまったく異なるからです。

さらには「話す相手の、さらに話す相手」まで想像力を及ばせることができるかどうか、これも重要です。話を聞いた相手が、その上司に報告しやすいように相手先の重要視しそうなところを強調しておく。自分の上司に報告を求められた際も本人が知りたいだけなのか?その先の上司にさらに報告の必要があるのか?ということを考えて、要点をまとめる、などです。たとえば、学生に1週間の合宿プロジェクトについてプレゼンテーションするとしましょう。当然学生に刺さるプレゼンテーション資料をつくるのは当たり前ですが、その学生が保護者にどのようにプレゼンテーションをするのか?　そこを考えて、追加のスライドを入れます。お金の出し手である保護者が最終意思決定者です。その顔が見えているかどうか、を想像することが大切です。

・富裕層マインド7.「責任感とオーナーシップを持つ」

責任感とオーナーシップは、信頼関係のある人間関係の構築には必要不可欠。

みずからの頭で考えて意味のある行動をしているので、仮に経験値が浅くて、末端の仕事をしていたとしても、プロジェクトの全体感が理解できているため、なぜその末端の仕事が必要か理解できています。まわりを見渡すこともできるので、ボールが落ちてしまっていることに気づけて、進んでボールを拾うこともできます。あらゆる質問に対し、的外れな答えをすることもありません。

プロジェクトを超えて、会社レベルでどこに向かっているのか理解できているかどうか、自身のとり組んでいる仕事の意義を考えてみましょう。「あなたの会社の売上はいくらですか？」と聞かれて即答できる人は極めて少ないのではないかと思います。全体が見えなければ、一部である自分の仕事の意義はわかりません。

また、典型的な会社員の例で、経費を湯水のように使う人がいます。ですが、その人が自分で起業したとして、苦労して投資家まわりをして集めた出資金や、個人保証を差し入れてまで得た借入金を目減りさせてまで、同じようにお金を使うとは思えません。会社の損益についての責任感と、オーナーシップが欠如しているといえます。

いずれも当たり前のことですが、その当たり前のことを実践できているかどうかの差が、億までの人と億からの人を分けるボーダーラインになっているのも事実です。

時間とエネルギーを奪う人との付き合いはやめる

円滑な人間関係を心がけるにあたり、「お互いに得るものがある人脈を広げていくこと」と同じくらい富裕層が大事にしているのは「時間とエネルギーを奪うだけの人との付き合いをやめること」です。例を挙げます。

・約束を守らない人

「後で送りますね」といっておきながら返信がない人。小さいことでも、交わした約束を守らない相手の信頼度は下がります。

・嘘をつく人

仕事でもプライベートでも、ついた嘘がバレていないと思っているのは本人だけです。嘘をつく人は約束を守らない人と同様、「信頼できない人カテゴリー」です。

・ゴシップだけで生きている人

そこにいない誰かのゴシップだけで会話を盛り上げて笑いをとる人は、話し上手で面白い一方で、「自分がこの場にいないとき同じようにやり玉に挙げられているのでは？」と面倒です。この手の人には大事な話はできません。

・愚痴や批判の多い人

一度だけならガス抜きの付き合いとしてありだとしても、何度も同じ愚痴を聞かされるのは時間の無駄。正論で議論をはじめても「いっていることはわかるけど」と、言い訳を積み上げ受け入れる気がないならなおさらです。また、批判はチャレンジの弊害になります。障害があるからチャレンジなのであって、それを承知でチャレンジしようとする人に、正論のような批判で邪魔をするのは、相手のエネルギーを奪う行為でしょう。

・人の話を聞かない人

「人と人が、ある話題について意見や感想など言葉を交わし合うこと」が会話です。人の話を遮って話しはじめる、相手の話とは無関係の自分の話をし続ける、何をどう言っても自分の持っていきたい方向に着地させようとする、聞かれた質問に答えない、壊れたレコードのように武勇伝を永遠に繰り返す。こういうやり取りは、会話の体を成しておらず、時間の無駄です。

お金は増やしていくことができますが、時間とエネルギーは誰にとっても有限です。その貴重なリソースを奪っていく人は「敵」以外の何ものでもありません。人付き合いの棚卸は定期的にしたほうがいいと思います。

5ステップ式で富裕層コミュニティの作法を身につける

「富裕層の間でしか出回らない不動産投資の情報がある」というお話を3章でしました。理不尽ながら、世の中にはいわゆる「おいしい話」が存在し、それは結果を出した人たちのコミュニティのなかで交わされることがほとんど。世に出ることのない不動産投資の話だけでなく、有望なスタートアップの資金調達の話なども富裕層の間だけでシェアされているものが多いのが実態です。

お金を増やすには、個人では限界があります。信頼できる人たちだけを巻き込んで、「こういう話もあるよ」「一緒に投資しよう」という話をしながら、人脈とお金と投資話がサイクルになって増幅していくようになります。

では、どうしたら富裕層のコミュニティに入れるのでしょうか。信頼貯金がないなかで、ネットワークに入るには、どこかで人の紹介が必要になります。はじめは、友人や信頼できる誰かから紹介してもらうなり、仕事で知り合った人たちを起点に人脈が広がっていきます。人から紹介を受ける際のマナーやプロセスは心得ておくべきでしょう。人に紹介を受ける際には、このようなステップで準備をしておくとよいと思います。

Step1. 自分の引き出しを増やすために日頃から学習をしておく
Step2. 相手をよく知る。調べ尽くす
Step3. 相手に共感できているところを伝える
Step4. 自分が相手に与えられることを真剣に考える
Step5. 相手と一緒にできることを探し、勇気を出して自分から誘う

用意してきた話だけで広がりがない、そういう相手との面談は退屈です。アジェンダになかった話から、思わぬ面白い話が生まれる、そういう会話が富裕層の間では多いように感じます。そのためにも、まずはいろいろな話題にきちんと触れておき、常日頃から学習をしておくことは、基礎力として大切です。

そのうえで、会いたい人の紹介を受けた際は、自分が相談したいことや話した

いことを整理する前に、相手のことを可能な限り調べ尽くします。インターネットで検索できるものに限らず、書籍や動画などがあれば、それらも研究して相手の主義や好みを把握します。これは先述した、「自分が伝えたいこと」ではなく「相手が知りたいこと」の精神で「自分が聞きたいことではなく、相手が伝えたいことは何か？」と、一度相手の立場になり切って考えます。

実際に相手に会った際は、リサーチのなかで得た情報を基に、その人のどういう点に惹かれて、共感しているのか、明確に伝えます。ただ情報を抜きに来たり、奪いに来たりしたわけではなく、「人間として尊敬できる点があるから、会いたかった」ということが主目的だと理解してもらい、警戒を解いてもらうことが大切です。

また、忙しい相手の時間とリソースをいただくわけなので、相手からtakeするだけでなく「giveできることは何か？」ということをよく考えて臨みます。専門知識の共有でも、物理的なお手伝いでも、人脈の提供でもいいので、惜しみなく差し出しましょう。

そして、相手と一緒にできることを探して、少し勇気を出して「よかったら一緒にやりましょう」と、誘ってみる。それは、いきなり大きなプロジェクトである必要はまったくなく、人を紹介する食事会でも、趣味でも何でも構いません。この5つの手順どおりに進んで人間関係を築いていくと、富裕層のコミュニティに自然に巻き込まれていくことになるはずです。

ちなみに、もっともハードルが高いのは最後のステップの「自分から誘う」ということだと思います。これはいきなり投資のことだと、相手にとって荷が重く感じられることもあるでしょう。僕自身の経験では、海外のトライアスロンなどのレースに誘い、ともに一緒の時間を過ごすことで、富裕層との貴重な人間関係を得ることができました。

「信頼貯金」を増やす

人間関係における信頼関係は一朝一夕には構築できません。ですが、複利のきいた「信頼貯金」は誰でも今日からできます。そののち富や名声に恵まれた人たちですら、みなさん最初は小さな信頼を貯金していくことからスタートしているのです。

エベレスト登頂や北極圏の犬ぞり横断、南米アコンカグア登頂など数々挑んだ世界的な冒険家の植村直己氏には、トイレ掃除にまつわる有名なエピソードがあります。

冒険途上で、現地住民に宿泊場所を提供してもらうことがたびたびあった植村氏は、泊めてもらった恩返しとして必ずその家のトイレ掃除をしたそうです。トイレ掃除は手間がかかるし汚れるので、家族ですら避けたい作業です。それを率先しておこなう理由は、自分が受けた親切に対するもっとも実直な感謝の表現だから。今の自分を支えてくれる、まわりの人たちへのお礼の気持ちだったといいます。

このエピソードが世界の冒険家コミュニティの間で語り草になり、ある一定の時期から、見ず知らずの人たちからも率先して宿泊のオファーがくるようになったそうです。やろうと思えば誰でもできることですが、実際は進んでやる人がいないために、やった人は信頼貯金を増やすことができるのです。

会社員でも信頼貯金を増やす働き方はできます。

ゴールドマン・サックス時代、僕は頼まれてもいないのに毎回、会議の議事録を作成して上司に送っていました。それは、時系列に発言内容が書かれている一般的な議事録ではなく、読み手にわかりやすいように、参加者の発言の要点を編集し、組み替え、そこに自分なりのコメントやグラフ等の分析を加えた独自の議事録でした。

上司とお客さんのところに赴く際は、先方の会社の財務情報や中期経営計画、最新のニュースリリースなどを調べ、簡単に読めるように1枚紙にまとめていました。多忙な上司は事前にそういうことをリサーチする時間もないものです。先方に向かうタクシーのなかでその紙に目を通すだけで取引先の概要や最新の状況把握が可能になります。すると、上司はお客さんの前でも「ちゃんと御社の下調べは済ませてきましたよ」という顔をして打ち合わせができるのです。

ほかにも、コピー機に上司が残した資料を見つけては、「今はこういう案件に関わっているんだな」と確認。勝手に内容を分析し、資料をその上司に提出する、ということもありました。

このようにして小さな努力を積み重ねて信頼貯金を積み上げる作業は、僕だけでなく昇進していく多くの人が実践していたことでもあります。

信頼貯金をするのに特別なスキルは必要ありません。膨大な時間と手間のかかるような作業でもありません。「やるか、やらないか」だけ。それだけのことが将来の大きなリターンを生むのだと思います。

「80／20の法則」で信頼度と仕事の精度を底上げする

富裕層でもビジネスパーソンでも、稼ぐ人はいつでも「80／20の法則」（パレートの法則）を意識しています。とくに、「仕事の成果の8割は、全作業時間のうちの2割の時間で達成される」という時間に関する「80／20の法則」を大事にしています。

日々の仕事でも、全体の8割の準備が済んだら、残りの2割を仕上げて10割にしてから次の段階に駒を進めるのではなく、8割の状態で次に行こうと決め、まず先に進めることを優先していきます。8割のものを10割にする作業は、8割の時間がかかることも多いため、スピード感を優先して見切り発車で進めていきます。

実際にはこれを応用して、さらに細かくスピード感をもって物事を進めて「信頼貯金」をつくるのがおすすめです。

上司から資料作成を頼まれたとします。

まずはデッドラインまでの、1割くらいの時間で、骨子をつくってしまい提出。意見を求めてしまいます。上司は早速きちんと取り掛かっていることに安心し、またそのスピード感に驚きます。自分としても明後日の方向に向かわず、方向性が確認できるというメリットがあります。

次に3割くらいの時間で、半分くらいの進捗のものを出します。骨子とは違い、中身のテイストが入っているので、「全体的にこういうテイストがいい」などのそもそも論が出てきても、まだまだ修正がききます。

最後にデッドラインの半分くらいの時間で8割のものを出す。圧倒的な速さで上司からの信頼を勝ち得ます。残りの2割を詰めるべきか、どのように詰めるか、そこは上司に判断を仰いでしまい、余った時間を詰めに使うのか、別のことに使うのか、決めてもらいます。

「デッドラインの半分の時間なんて厳しいのでは？」と思うかもしれません。ですが、要所要所で大幅な軌道修正リスクは排除しているので、あれこれ悩みながら、最後まで作業して、一発勝負よりも格段に速く仕上げることができます。

上司から「あれどうなってる?」という確認が入るのは、信頼関係ができていない証左ですが、この方法で進めている限り、「あれどうなってる?」と質問を受けることはなくなります。「満足度＝結果－期待値」ということを意識するとよいでしょう。ゴールドマン・サックスでも「期待値コントロール」という言葉は繰り返しいわれてきたのは前述したとおり。結果がつねに100点であることに越したことはありません。

ただ、現実的にそれはなかなか難しいので、相手をがっかりさせないためには、入口の期待値を上げすぎない、ということです。仕事を「やります!」と食い気味に引受けることはいいことですが、そういう人の仕事が雑だったりすると、必要以上にがっかりされてしまいます。デッドライン直前まで成果物が出てこないときも、「きちんと仕上がったものが出てくるのだろう」と相手は期待します。ここで細かいところでもミスなどを見つけると、全体的に雑なアウトプットに感じてしまうことがあります。「まだ粗いのですが」「3割くらいの仕上がりですが」などと期待値を下げながら、その都度さりげなく方向性を確認していくのが

「期待値コントロール」「満足度コントロール」ということです。

時間とエネルギーを浪費することを回避し、最速のスピード感をもって最大の利益を生む活動にフォーカスできる「80／20の法則」で、仕事相手と信頼関係を築きましょう。

上司ガチャを「ハズレ」で終わらせない

「上司からの評価に納得できない」「上司と合わない」といった上司にまつわる悩みは尽きません。稼ぐ人を目指したくても、今の上司のままでは昇給も昇進も叶わない。「上司ガチャ」にハズレてしまった場合、人事を尽くして天命を待つか転職をするしか道はないのか……と、いう気持ちになります。

そもそも、「いい上司」とはどういう人のことを指すのでしょうか。P・ドラッカーはリーダーに必要な要素として「観察力」「発信力」「柔軟性」「コミュニケーションスキル」「決断力」「行動力」「業務遂行能力」「責任感」「育成能力」と9つを挙げています。もちろんどれも必要な要素だと思いますが、僕が見てきた、稼ぐ人を育てる、リーダーは以下の3つを必ず持っていました。

ひとつは、部下や後輩に権限移譲ができること。適切な権限移譲をすることで、お互いに信頼関係が生まれます。上司は勇気が必要ですし、上司から仕事をまかされた部下や後輩も、その瞬間はプレッシャーを抱えることになります。ですが、それを乗り越えていった先にお互いの成長があり、強いチームができあがります。

2つ目は、部下や後輩の出した成果をフェアに認められること。部下や後輩の成果を自分のものにするのはもってのほかですが、自分の色眼鏡を捨てて、成果そのものに対して、どんな人にもフェアに評価ができる上司は、人を育てます。

最後は、部下や後輩が失敗したときに責任をとれること、です。部下や後輩にまかせるような重要な意思決定をした以上は、責任転嫁をせず、自分が負うべき責任の範囲を明らかにする必要があります。部下や後輩は心理的安全を得られ自由に仕事ができるうえ、最後は上司の責任になってしまうから、という緊張感を持ち、「この仕事は自分の意思決定のもとに進める」とオーナーシップを持つようになります。失敗しても、「あの人は、責任をとることができる人間だ」という評価がされ失敗を重ねながらも大きな仕事が舞い込み、成功させて信頼を勝ち得て、さらに裁量のある仕事が回ってきて……という稼ぐ人のサイクルに入ります。

ではもし今、上司に恵まれていない場合、その状態から脱却して稼ぐ人になるためには、どうすればいいでしょうか。まずは、「いい上司」を探すことです。前述した3つの条件に当てはまるようなリーダーを直接のラインだけでなく横のラインや斜めうえのライン、他部署であっても探します。部下が上司を選ぶことは難しくても、見極めることは可能です。

そして、そのいい上司に自分の仕事の成果を見てもらうことです。自分の今の上司に限界を感じても、諦めず「この人となら一緒に仕事をしたい」と思えるような上司に、「今、自分はこんな仕事をしているんです」と話を聞いてもらい「今やっている仕事は、実質僕が進めています」としっかりアピールをする。そして、「いつか、一緒にこんな仕事ができないかと思っています」と伝えておく。……そういうことを、地道に、かつ定期的にやっておくと、人事異動や組織改編のタイミングで引き上げてくれるチャンスはめぐってきます。

「あなたの頑張りはきっと誰かが見てくれている」というのも悪くないのですが、稼ぐ人になるためには、自分からアクションして、チャンスをつかみにいくほうが手っ取り早いです。

自分では変えようのない状況になっても、ほかの選択肢を模索し、戦略を立て直して自分に有利な方向に持っていく。これが、稼ぐ人のマインドです。

輪のなかにいるすべての人を大事にする

信頼できる仲間からの相談は親身になって耳を傾け、頼みごとは快く引き受ける。これも多くの富裕層たちが円滑な人間関係を維持していくなかで取り組んでいることです。

困りごとの相談や頼みごと、人の紹介といった少し面倒なことを引き受けるのは、もちろん彼らの心の余裕に起因する善意もあります。ですが、それが後にリターンとなっていろいろな形で返ってくることを知っているから、という理由もあるのではないでしょうか。

僕自身も、富裕層のみなさんとビジネスをするようになってから「あの人を紹介してくれないか」「あの人の話を聞いてやってほしい」「ちょっと相談に乗ってもらえないか」と声をかけてもらうことが増えました。

相談に乗ると大きなリターンとなって返ってくる、ということを僕が実感したのは会社員時代でした。

ゴールドマン・サックスでの投資業務は、「どれだけ稼いだか」という会社でのパフォーマンスと、「どれだけもらえるか」という個人への報酬がわかりやすく相関しています。成果を出せば給与が上がるため、目標も明確に立てやすくなります。

それに対して、僕たちのような働き方をする部門を支えてくれる、サポート部門やアシスタントの人たちがいます。サポート部門やアシスタントのみなさんは、目に見える成果が出づらい。

そのうえ、投資側がスポーツでいう攻める側で点を決める役割なら、サポートのみなさんは守り役なので、点を決めるようなわかりやすい成果が見えにくいのに、失点、つまりミスをすると怒られます。努力と成果や給与の関係がわかりにくい、という状況のなか、モチベーションを保ちながら働き続けるのは難しいことが想像できます。

そういう人たちとの関わり合いで大切にしていたことは、「最前線で何が起こっているのか、情報共有をする」「何か大きなサポートを受けたときに、本人とその上司に直接感謝の意を伝える」「大事な会議や打ち上げに招待して輪のなかに入ってもらう」ということでした。評価が見えにくいなかで、モチベーションを保つには、大事な当事者として接すること、フェアに認めること、感謝することだと思います。

こうして社内のサポート部門の方々とコミュニケーションをとっていたことで、いざというときや僕が困ったりしたときに助けてもらい、大きな難を乗り越えることができました。

僕のいた会社だけではなく、どこにいても社内で稼ぐ人になるためにはサポート役の人たちの応援が欠かせないはず。参加している全員が当事者になり、幸せに働けるようなコミュニケーションをとることが、チーム全体のパフォーマンス向上には必須です。

人を紹介してもらうときの「3つの流儀」を知っておく

億を超えるお金を手にする人たちは、必ずといっていいほど人脈を大事にしています。それは、どんなに小さな単位の人間関係にもいえること。信頼関係を崩すようなリスクはおかしません。

とくに気をつけているのは、人を紹介してもらうときの心構えと振る舞い方です。

人脈はプライスレスだが得難いものです。誰かを紹介してもらうことそのもの自体は無償ですが、決して軽んじてはいけないということを肝に銘じておかなければなりません。

最悪なのは気軽に人を紹介してもらっておきながら、紹介してくれた人の顔を潰すような行為を平気でする人です。人脈は資産。人に助けられて資産を形成した経験のある人ほど、人を紹介するということがどれほど貴重で肝要なことかを知っています。

人を紹介してもらうときの流儀において、大切なポイントは3つあります。

ひとつは、事前の準備についてです。紹介してもらった相手に実際に会う前に、その人のことを可能な限り調べることです。これについては前述した、富裕層のコミュニティに仲間入りする方法にて述べたとおりです。相手について何も知識がないまま丸腰で臨まず「あなたにお会いするために、時間をかけて下調べをしてきました」という敬意を伝えることにもなります。

2つ目のポイントは、相手のメリットにもなるアイデアを提案することです。たとえば僕は「今日お会いするにあたって、何かできることはないかと考えました。こういうことを一緒にやりませんか？」といった提案をしたりもします。

紹介された相手にとっても有意義な時間を過ごせることが望ましいはず。忙しい時間を割いて会ってくれた相手に対する最低限の礼儀ではないでしょうか。

最後のポイントは、「お礼」についてです。紹介してもらって会った相手に対しては、「事前」「当日」「後日」の合計3回お礼をするのが理想的です。

忘れてはいけないのが、相手を紹介してくれた人への恩は必ず返す、ということです。繰り返しになりますが、人を紹介するということは決してカジュアルなことではないので、そのきっかけをつくってくれた人に対してのお礼は欠かさないことが必須です。

とくに富裕層のみなさんは、紹介を受けたことで「大きな借りができた」という感覚を持つことが少なくありません。理由や案件によっては、紹介料としてお金を支払うこともあるほどです。

そこまではなくても、「自分も誰かを紹介する」「次に会ったときの食事代をもつ」「一緒にできる仕事の提案をする」など、できる限りの恩返しをするのがマナーであり常識です。

自分ひとりの力ではなかなか会えない人を紹介してもらうことの価値の大きさははかりしれません。敬意と感謝を表すことが紹介の流儀といえるでしょう。

お金のために「人脈」を売らない

人間関係で絶対にやってはいけないこと、それはお金儲けのために人脈を売ることです。これをすると、一発で人間関係が崩壊します。

人脈を売るわかりやすい例としては、保険営業があります。一部の保険会社の営業マンは、家族、親戚等、身近なところから加入の勧誘をはじめて、その後は自分の知り合いに商品を売りに来ます。ところが、どんなに知り合いが多くても一巡したらリピートはなく、そこで終わるのが一般的。人脈は途絶えてしまい、人間関係まで破綻してしまいます。もちろん、きちんとした営業マンもいますし、それが本当に自信があって質のいい商品であればいいと思います。ですが、そうでないケースを数多く見てきました。

不動産取引に関する話も数多く聞きます。自分の知り合いに頼み込んで物件を売りつけた裏で、自分は売主からキックバックをもらっていた、という話です。

この手の悪事はほとんどの場合バレるので、その時点で「もうあの人とは付き合わない」と見限られることになります。

一度失った人脈は、二度と戻ってきません。とくに、経験値やスキルといったこれから自分のリソースとなるものを積み上げていくべきフェーズで軽はずみに人脈を売って信頼を失うのは痛恨の極み。稼げる人にはなれないでしょう。


一方で富裕層のなかには、過去の実績やキャリアをベースに築いてきた人脈を活かし、さらに豊かになっているケースもあります。

彼らの積み上げてきた知見、経験の共有や、豊富な人脈に期待して、顧問やアドバイザー、社外取締役の打診があちこちから入ります。各社から年間契約で報酬をもらい、「あの人とこの人をつなげたら面白いビジネスができるのでは」など自身の無形固定資産としてのブランドや多方面への人脈を活かしたビジネスをしている人たちです。

ただし、彼らは自分個人のお金儲けのために人脈を切り売りしているのではなく、人脈をつなげてもっと大きな利益を生むようなビジネスや社会貢献ができないかと考えていることが多い印象です。

「人脈を売る」ことと「人脈を活かす」ことはまったく違います。

「誤解は必然、理解は偶然」でコミュニケーションをとる

良好な人間関係を維持していくためには、スムーズなコミュニケーションが欠かせません。

コミュニケーションを「読む」「書く」「話す」「聞く」という4パターンに大別して、僕が意識していることをそれぞれお伝えしていきます。

「読む」ときに気をつけているのは、書き手の思惑と読み手である自分の解釈に

齟齬がないか、ということです。たとえば、送られてきたメールを開いた瞬間、ネガティブな印象を受けたとしても、「先入観にとらわれていないか？」「何かしらのバイアスがかかっていないか？」ということを自問自答しながら内容を読みます。そして、少しでも違和感があるようなら、すぐに直接話して解消するようにしています。

書き手の意図することをこちらが正しくつかむよう努力することが大事。なので、漫然と流し読みして、勝手に結論づけたり自分のなかで印象づけたりするのは避けています。

「書く」ときはその逆です。「Perception is everything.」ということを意識しています。これは、こちらが伝えたかったことではなく、受け手にどう伝わったのかがすべてだということです。いかにファクトベースで書いても、立場や行動に正義があったとしても、それがどのように解釈され、評価されるかは相手次第です。「そんなつもりで書いたのではありません」と、何往復もかけて伝えたかった真意のやり取りを繰り返し、結局会って話をして誤解を解く、ということは僕自身も何度も経験しています。ですから、つねに相手の受け取り方を強い意識で想像しながら書くようにしています。

「話す」も、アウトプットなので、意識は「書く」と同じです。「話す」も「書く」も、「誤解は必然、理解は偶然」という覚悟でコミュニケーションをしています。「いわなくてもわかっているだろう」という勝手な期待は危険です。

「メラビアンの法則」では、話の内容などの言語情報で伝わるのは7%、口調や話の速さなどの聴覚情報が38%、見た目などの視覚情報が55%といわれています。そのくらい、内容が占める割合は小さいので、「話す」が「書く」よりも誤解を生じさせにくいし、「話す」にしても電話より対面がいいわけなので、より情報そのもの以外でミスコミュニケーションが起こらないよう、伝え方は気をつけています。

僕の場合は、朗報や吉報など迅速に伝えるべきポジティブな話は、スピード感をもってメールを送ります。逆に、悪い話や謝罪などのネガティブな話は、極力対面でするようにしています。

ちなみに、「聞く」ことを得意とする富裕層は大勢います。とくに、お金を稼ぐモードや仕事モードに入っているときは「聞き上手」です。投資系の話は基本的に情報戦。自分が情報を出してもまったく得をしないうえ、相手から有益な話を引き出す時間をみずから奪うことになる、と理解しています。

だからこそ、成功している投資家や富裕層の多くは絶妙な質問を投げかけながら話を聞いています。ただし、相手から話を聞き終わった後は、お返しとして「じつは私も先日こんな話を聞きまして」などと、いわゆる「ここだけの話」を展開するパターンが定番です。精度の高い情報を聞き出すためには、相手への手土産となる情報も準備して臨む、ということです。

これが多くの富裕層から学び、僕も実践しているコミュニケーションです。世代やジェンダー、国籍を含めたダイバーシティの時代、自分の常識は他人の非常識ということがままあります。気にしすぎてコミュニケーションが面倒だと思うかもしれませんが、「そういうこともある」と知っておくことが大切です。さまざまな立場の人の気持ちになって、より伝わる方法を選ぶことがコミュニケーションの基本でしょう。

Epilogue

最後まで本書をお読みいただいてありがとうございます。

ゴールドマン・サックスを退職して、「本を出版してみませんか」とお声がけをいただいた際の正直な気持ちは、「抵抗あるな……」でした。

これまで、個人的なSNSなどでは、真面目な投稿をしたこともなく、基本的にはふざけた話ばかりでした。そこから逆に振り切って、真面目な話、かつお金の話だったからです。これは同業や古巣の方々からいろいろいわれるだろうな、と。タイトルも挑戦的ですし。

ただ、振り返ってみると、在職中も退職してからも、多くの人たちから金融リテラシーの身につけ方や、富裕層の実態について教えてほしいと頼まれることがありました。

自分が会社や市場から学んだことや教えてもらったことは、できるだけ多くの人に伝えたいし還元したい。そんな思いはあったので、無料の小さなセミナーを開いてみたり、個別に食事に行ったりして、僕が持っているものは全部伝えてきました。

それでも、僕が生身で伝えられる範囲には限界があります。であれば、タイトルも中身も遠慮せず、思い切って実態の見えづらい富裕層について解説し、そこへいたる道をお伝えできれば、と書くことを決意しました。

頑張ってブログを書くという方法でもよかったのですが、それでは書き手としての責任感も希薄になりますし、リーチできる範囲も限定的です。リーチの力、構成の力を含めてプロの力をお借りし、できるだけ多くの方にお届けする。そのために有料の書籍にはなりましたが、ここで僕が得る収入については一切自分のために使うつもりはありません。また、本書を出版することは、僕がいつか投資業界を卒業した後にやりたいことにもつながっています。いつか機会があればそんなお話もしてみたいと思います。


本書を読んでみて「あちこちの自己啓発本で読んだことがある」と感じる部分があったかもしれません。だとしたら、その感想は間違いではありません。

プロローグでもお伝えしたとおり、富裕層だからといって特別な才能や類まれなスキルに恵まれた人たちとは限りません。どこかの本にも書いてあるような、当たり前のことを当たり前に、でも圧倒的にやり切っているだけだからです。

どんな人でも、金融リテラシーを高め、やるべきことを習慣化さえすれば、「億を超える人」になるのも夢ではないと確信しています。

人間が変わる方法は3つしかない。「時間配分」を変える。「住む場所」を変える。「付き合う人」を変える。——ということを、経営コンサルタントの大前研一氏は述べていました。

僕は、4つ目の方法として「習慣化」もあると思っています。

「心が変われば行動が変わる。行動が変われば習慣が変わる。習慣が変われば人格が変わる。人格が変われば運命が変わる」とアメリカの哲学者ウィリアム・ジェームズもいっています。

何げなく惰性でやってしまっていることを、目標を持って臨むアクションに変える。それを毎日続けられるように習慣化するだけで、人は大きな成長が見込めると信じています。

僕がこれまで学ばせてもらった「億を超える人」たちも、何かしら自分なりの習慣化していることを持っています。それをレバレッジにして「お金、健康、人間関係」という悩みから解放され、物質的な欲からも脱却し、有限の時間を自分の幸せのために使う。それが人生における豊かさや幸福度を増幅させています。

この本を手にとっていただいたことが、人生の豊かさや幸せにつながる習慣を持つことへのきっかけとなれば、そして「億を超える人」になるきっかけとなれば幸いです。

2024年11月吉日　田中 渓

Profile

田中 渓

たなか・けい……1982年 横浜出身。上智大学理工学部物理学科卒業。在学中に学科首席として表彰を受ける。同大学院に進学し、卒業後は「WALKMAN」をはじめとするスタイリッシュなプロダクトを生み出すSONYへの就職を夢見るも、堅実なメーカー勤務の人生がぼんやりと見えてしまったため外資系の世界を目指し始める。米国ロサンゼルスで、選抜された24人を対象に毎年開催されるビジネスセミナー「CVS Leadership Institute」に参加。個人優勝、チーム優勝を果たす。セミナーでは投資理論、企業戦略、米国会計、マーケティング論などを、コンサルティング会社 Deloitteのコンサルタントからアメリカ式で学ぶ。大学院に通う意義を失い中退。友人が立ち上げた、隣人交流型賃貸住宅「ソーシャルアパートメント」の開発・運営を行うスタートアップ「有限会社グローバルエージェンツ」の代表取締役を務める傍ら53回の面接を経て、ゴールドマン・サックス証券株式会社に内定し、2007年に新卒として入社。瞬く間に金融危機(リーマンショック)が訪れ、ボーナスゼロ、大幅な減給に加え、在籍部署の9割の人員が削減される壮絶な経験をし、どん底に陥る。激減したチーム、変わらぬ激務の中、NHKドラマ「ハゲタカ」の舞台にもなった刺激的な投資部門で、星野リゾートとのジョイントベンチャーによる温泉旅館の再生や、企業価値5,000億円を超える会社買収、1棟1,000億円を超えるオフィスビル投資や、全国の大型国内リゾートホテルの外資系へのリブランド、企業再生やバリューアップなどのプロジェクトを中心に、上場・未上場株式、債券、不良債権、不動産、インフラストラクチャーなどへのあらゆる投資を行う。

500件以上の投資案件に携わり、60件以上の投資案件を実行。投資規模は、投資金額ベースで約4,000億円、企業価値・資産価値ベースで1.2兆円を超える。同社でマネージング・ディレクターに就任し、投資部門の日本共同統括を務め、2024年に同社を退社。在籍17年間で20ヵ国以上の社内外300人を超える「億円」資産家、「兆円」資産家、産油国の王族など超富豪と出会い、協業・交流をする中で、富裕層の哲学や考え方、習慣などに触れ、その生態系につき学ぶ。ゴールドマン・サックス退社後は、より少数精鋭の投資会社にて勤務。同社の不動産投資の責任者を務める。

また、私生活では365日朝3時45分に起床する生活を6年以上続け、仕事の傍らアスリートとしても精力的に活動。主な成績は以下の通り。

2019年　東京マラソン 2時間55分
2018年　ナミブ砂漠250kmマラソン チーム戦ワールドチャンピオン
2024年　トレイルランニング界の最高峰と言われるUltra Trail du Mont Blanc(ヨーロッパアルプスのモンブランを、フランス・イタリア・スイスを跨ぎながら距離171km、累積標高10,000m昇降しながら走る)、ワールドチャンピオンシップ完走
2024年　アイアンマンジャパンみなみ北海道完走(Swim 3.8km, Bike 180km, Run 42.2km)。同大会にてワールドチャンピオンシップ候補にノミネート

その他、24時間耐久レースや、数々のアドベンチャーレース、クレイジーレース、トレイルランニング、アイアンマンレースなどに出場。文明の利器の駆使とは逆行する生活スタイルで、強靭な肉体と精神力、一生の財産にもなる「習慣化」の力を手に入れる。

X　@KeiTanaka_Radio
note　https://note.com/djkei0514

著者撮影　水野嘉之

Bookdesign　HOLON

億までの人 億からの人

ゴールドマン・サックス勤続17年の投資家が明かす「兆人」のマインド

第1刷　2024年11月30日
第9刷　2025年 7 月30日

著者　田中 渓

編集協力　山口佐知子

発行者　小宮英行

発行所　株式会社徳間書店
〒141-8202 東京都品川区上大崎3-1-1 目黒セントラルスクエア
電話　編集(03)5403-4344 ／ 販売(049)293-5521
振替　00140-0-44392

印刷・製本　中央精版印刷株式会社

ISBN 978-4-19-865904-2